JN162923

スーパー スマートインフラ革命

スマートインフラ輸出と省エネ・低炭素社会実現へ

特別座談会
二階　俊博　自民党幹事長
村山　滋　川崎重工業会長
柏木　孝夫　東京工業大学特命教授

監修　柏木　孝夫　東京工業大学特命教授

時評社
JIHYO BOOKS

第1章

日本の社会を変革するスーパースマートインフラの形成を目指せ

柏木(かしわぎ)　孝夫(たかお)
東京工業大学特命教授

◇◇

１９４６年生まれ、東京都出身。１９７０年東京工業大学工学部卒業、１９７９年博士号取得。１９８０年米国商務省ＮＢＳ招聘研究員。１９８８年東京農工大学教授、２００７年東京工業大学統合研究院教授、２０１１年より先進エネルギー国際研究センター長、２０１２年より現職。２０１３年東京都市大学教授。経済産業省総合資源エネルギー調査会省エネルギー・新エネルギー分科会長、経済産業省、内閣府の燃料電池評価・助言会議議長ほか、各種審議会委員を歴任。編著書に『２０５０年への挑戦』、著書に『地球からの贈り物』、『エネルギーシステムの法則』、『マイクロパワー革命』（２００２年エネルギーフォーラム優秀賞受賞）、『スマートコミュニティ』、『コージェネ革命』など多数。

◇◇

これからは“システム・オブ・システムズ”の時代

２０１５年１１月、パリのＣＯＰ２１（国連気候変動枠組条約第２１回締約国会議）において安倍晋三総理が、日本の技術を駆使し、地球規模的問題であるＣＯ$_2$の削減に貢献しながら人々の暮らしを豊かにする、日本企業が培ってきたエネルギーや都市計画に関するノウハウを途上国に提供する、という趣旨を表明しました。また、そのカギとなるのが、例えば水素の製造・貯蔵・輸出や次世代電池などの革新的な技術開発であるとも指摘しています。

安倍総理が国際社会に対して表明した演説内容は、取りも直さず高度でスマートなインフラ構築そのものです。これから世界の新興国がインフラを整備するにあたり、ＣＯ$_2$を出さずに暮らしを豊かにしていくためにも、“システム・オブ・システムズ”という概念が求められるでしょう。これは、特定のシステム構築のみで多様な課題を解決するのではなく、大きなシステムの枠組みの中に個別のシステム分野が内包され、相互関連しあって相乗効果を発揮するという考え方で、過去数年にわたり日本で進んできたスマートコミュニティも、この内包される個別システムの一つにあたります。また他の分野には、一般的にインフラとしてイメージされやすい鉄道などの輸送網、あるいは先端技術の発現であるロボットや人工知能（ＡＩ）、水素の活用なども含まれます。すなわち、第５次科学技術基本計画・超スマート社会「Society ５．０（ソサエティー・ファイブ・ポイント・ゼロ）」をいかに早く築けるかが、これからの日本の、世界に対する責務だと私は思います。

適切な規模で最大機能の発揮を

その上で２０１６年春に『エネルギー・環境イノベーション戦略』を打ち出すことを国際社会に約束し、帰国後に内閣府にて戦略の取りまとめに着手、私がエネルギー戦略協議会の座長を拝命し、４月に戦略を策定いたしました。この中には、高度でスマートな新しい概念のインフラ、すなわち“スーパースマートインフラ”の骨子がほぼ全てちりばめられています。

その中でわれわれ協議会が最も訴求したかったのは、サイバー層と言われる統合技術です。例えばエネルギーの分野においては、ＩＣＴを利用したデマンド・レスポンスが挙げられます。これまでのシステムはまずデマンドありきで構築してきたため、どうしてもインフラ規模が大きくなりがちでした。具体的に電力を例にとると、『スマートコミュニティ』シリーズ（１～５、時評社）でも指摘してきたとおり、従来は需要に合わせて電源立地をしてきたので、結果として１％しか動かない電源を全体の７．５％も持たざるを得ませんでした。これでは電力供給の機能は果たせるけれど、効率上、適切な規模とは言えない、つまりインフラ規模が大きかったのです。しかし、デジタル改革の進展やデマンド開発により、需要をコントロールできるようになると再生可能エネルギーなどを取り込みながら、適切な規模で最大機能を発揮することが期待できるようになります。このように、適切な規模のインフラで最大限の機能を発揮する、それをわれわれはスーパースマートインフラと位置付けています。

強みを発揮できる３つの技術、３つの分野

ＣＯＰ２１の表明にとどまらず、これから安倍総理が世界に発信するであろう日本の戦略は、ＩＣＴを活用したデマンド・レスポンスを可能とするようなネットワーク社会の構築です。これこそが超スマート社会「Society ５．０」の具現化なのです。

超スマート社会は前述のとおりシステム・オブ・システムズの構造を取るため、さまざまな要素が内包され、かつそれぞれ発展が期待されま

す。その中で、日本が世界に対し強みを発揮できる、いわばお家芸の技術を列挙してみましょう。

まずはパワーエレクトロニクス。つまりパワー半導体です。これは日本の独壇場と言っても過言ではないでしょう。

それから革新的センサー。センサーテクノロジーが無ければ、いま普及しつつあるＩｏＴ（インターネット・オブ・シングス）が稼働できません。現在、センサーは地球上でおおよそ２５０億個使われていますが、約１０年先にはこれが数千億個になると推定されています。

もう一つ得意なのが超電導です。これらの技術はＡＩやＩｏＴなどロボット関連の発展や活用に不可欠であり、逆に言えば下支えする技術について日本が圧倒的な強みを有している以上、ロボットを含めたスーパースマートインフラ構築の優位性を確保できるとも言えるでしょう。開発には相応の予算が付くことが期待されます。

では個々の技術ではなく、強みを発揮できる分野はどれか。これについては、まずは省エネルギーです。インフラとは直接関係はないかもしれませんが、省エネのための技術開発がそのまま高度インフラに直結する場合があると思われます。

例えば、膜。スーパースマートインフラを形成するには、“膜テクノロジー”が不可欠です。CO_2を取り入れ酸素を排出する植物のような膜を開発できたら、例えばいますでに膜が張られている東京ドーム天井の内側をこの新しい膜で覆えば、内部の観客が吐いたCO_2を取り込んで、もとから張ってあった膜と二重層になり、内部に酸素の空間をつくってそれを開放すればドーム内を酸素リッチにすることもできるわけです。また、熱さ１８００度に耐え破損に強い新たな素材や、クルマの重量を約半分にまで軽減する非常に軽い部材の開発なども有望な技術です。これらはいずれもスーパースマートインフラ実現のために随所で使われるようになるでしょう。

分野の二つ目は、蓄エネルギーです。これは現実に水素がその中核となり、活用がかなり進展しています。とはいえ長期的には、CO_2が発生しない水素生成の開発が望まれます。褐炭から水素を作り出す技術の開発の後に再生可能エネルギーとしての水素の開発を進め、そして水素を製造したら、その貯蔵、そして利用まで一体となって推進すべきです。水素社会の実現はエネルギー貯蔵の観点からも必要です。また蓄エネルギーに関してはバッテリーも不可欠です。自動車だけでなく電車も、レールの上を走るだけでバッテリーに蓄電できるようになれば、後は要所々々に充電設備を設けるだけで電線を引く必要が無くなるなど、都市景観も含めてどんなに社会状況が変革することでしょうか。政府がまとめた「エネルギー・環境イノベーション戦略」では、１回の充電で７００km走行できる蓄電池の開発を掲げていましたが、より詳しく述べると、コストが１０分の１でエネルギー密度が７倍になるような蓄電池を作る、としています。これもスーパースマートインフラには欠かせません。

それから、太陽光など各種再生可能エネルギーを含めた総エネルギーも、スーパースマートインフラの要となるでしょう。いま家庭用から業務用のグリッド・パリティ（既存の電力に対し再生可能エネルギーなどが発電コストでほぼ等価・同等になる状態）を下回る、約７～８円くらいの消費電力量になる電池や量子ドット（太陽電池のエネルギー変換効率を飛躍的に高める技術）の開発が望まれていますが、これはまだまだ実用化まで時間を要します。ただ、スーパースマートインフラの構築において再生可能エネルギーが活用できれば大きな強みになるのは間違いありません。各種再生可能エネルギーの中でも特に地熱は、電力だけではなく熱も引き出せるポテンシャルがありますので、これを新たな産業構造の熱源として利用していけば地熱の周辺地域で地熱を利用した工場地帯が実現し、CO_2が発生しない生産現場が実現することになります。

これはまさしくスーパー工場、スーパーファクトリーとなるでしょう。スーパーファクトリーもまた、スーパースマートインフラの主要な核になるはずです。

“鳥の眼”を磨く日本であれ

以上の各技術、各分野に加え、ＣＣＵＳ（Carbon dioxide Capture, Utilization and Storage＝発電所から発生したCO_2を分離回収して再利用・貯留する技術）の開発が期待されます。新興国を中心に石炭火力の需要が今後も続くと想定される以上、日本における超々臨界などの高効率発電技術を輸出し世界のCO_2削減に貢献する、しかしその際、単に発電所の輸出にとどまっていてはスーパースマートインフラとは言えません。前述した膜で覆い包むとか触媒で吸着させるなどの技術を持ち込むべきです。また、これまでは分離したCO_2をどこかに埋めるＣＣＳ方式がもっぱらでしたが、これをさらに発展させてＣＣＵＳ方式に昇華させていくことが必要です。埋蔵一辺倒ではなく、CO_2をプラスチック精製に再利用する、またそのための化学関連のスーパーファクトリーを発電所に併設すれば、電気、熱の発生と供給がワンストップとなる上、排出されたCO_2をＣＣＵＳで工業製品に再利用することもできる、これこそまさに電気、熱、物質が一気通貫でそろい、かつCO_2を抑制して稼働効率もすこぶる良いコ·プロダクション（Co-Production）の姿だと言えるでしょう。

このようにエネルギーの観点からスーパースマートインフラとはどうあるべきかを考えると、まずサイバー層があり、センサーテクノロジーがあり、水素があり、蓄電システムがあり、そしてコ・プロダクションがある、これらがシステム・オブ・システムズの中に包含され、総合的に形成されていくとスーパースマートインフラそのものになっていくと思います。その場合、システム・オブ・システムズ全体を戦略的にデザインし統括していく大局的見地が求められます。日本は個別技術の精度、つまり虫の眼の視点には非常に強いのですが、全体を俯瞰して求めるべき方向へもっていく鳥の眼の視点は不得手なので、その点を克服して新たなモデルを構築していくのがまさしくスーパースマートインフラ“革命”だと言えるでしょう。

これらシステム・オブ・システムズの中にはエネルギー以外にも、他の重要分野である鉄道、ＡＩやセンサーなどを一括して捉えたロボットなどが柱としてあり、それらは同時に日本の成長戦略の柱でもあるので、日本はスーパースマートインフラ革命という形で成長戦略の重要項目を一挙に推し進める潮目の段階にあると思います。得意な虫の眼と不得手な鳥の眼の間に位置する、潮目を読む魚の眼については、日本人はまだ不得手ではないと思われますが、この機を逃す手はありません。政・産・官・学に金融を加え、オールジャパンで複眼的に取り組みを進めるべき時です。

例えば政治の分野においては、二階俊博自民党幹事長が従来のハード主体のインフラやその整備に基づく国土強靭化の重要性を指摘してきましたが、二階幹事長はエネルギーやＩＴ・情報関連のインフラについても造詣が深く、その重要性を強く指摘しています。また、多分野が含まれるということは所管する霞が関各官庁の連携も求められます。これまでは各分野ごとに一つのシステムを組むことが一定の政策的成果だと認識されていましたが、これからはその上位系にまたシステムが組まれるというシステム・オブ・システムズが求められるようになるわけですから、多くの連携が必要となるでしょう。政府が主導し官民ともに協議を深め、新たな展開に持っていけるような体制づくりを推進しなければなりません。“鳥の眼”を磨く日本であらねばならない時代が到来したのです。

国際競争力を高め、海外へ打って出るために

そしてシステム・オブ・システムズを形成する各分野は、いずれも相互連携していかねばなりません。例えばスーパーファクトリーで生産されたプロダクツを輸送するときは蓄電レール上を走る省エネ鉄道、もしくは水素による自動車・トラックがこれを運ぶべきなのです。クルマの場合は、ＡＴＳ（自動列車停止装置）やＡＩを搭載した、無人走行自動車の可能性も考えられます。運輸部門で水素自動車、自動走行自動車が実現できれば、CO_2抑制とともにわが国で深刻化するドライバーの高齢化と人手不足を解消し、安全性向上にも資することになります。人口減・労働力減が顕著な日本において、労働者の働きをＡＩやＩｏＴでサポートできれば一人当たり労働効率が高まり、より生産性が高まります。人口減でも生産性は減らない社会です。

一方、自動走行自動車が普及すれば、高齢者の移動の在り方も大きく変わるでしょう。運転免許証を全面返納しなくても助手席乗車免許という形で存続するかもしれません。つまり、スーパースマートインフラ革命は、超高齢化がさらに進展する日本の日常の光景をより便利で快適、安全な方向へ大きく変えていく可能性を秘めています。高齢者では危険だったり、日常で介助が必要な局面が生じてもロボットがそれをカバーする存在になれれば高齢者のＱＯＬ（クオリティ・オブ・ライフ）は劇的に高まると予想されます。

自動走行自動車にしても各種ロボットにしても安全性の担保、リスクヘッジは言うまでもありません。そういう意味では、スーパースマートインフラ革命が為されることは、これも長年、日本社会の課題として指摘されてきたリスクマネジメントが定着することでもあります。リスクマネジメントが脆弱な国は国際競争力では確実に他国の後塵を拝します。米国と欧州各国は国民一人当たりのＧＤＰは日本とほぼ同等であり

ますが、リスクマネジメントは日本の２倍——いや日本が欧米の半分と言うべきでしょう。欧米のリスクマネジメント１に対し日本０．５という数値は中国とほぼ同等です。リスクマネジメントの向上が国際競争力を維持し先進国であり続ける上で不可欠であり、スーパースマートインフラを形成する必須要素です。

リスクマネジメント向上は、日本全体というより各地方・地域において求められます。少子高齢化が進む地方でリスクマネジメントが脆弱であれば、産業活力の停滞はもちろん暮らしの安全性が不安視され東京一極集中と肥大化がさらに進みます。地方がコンパクトに、そしてスーパースマートインフラを形成して各地方同士がネットワークで連携し、それが日本全土に及ぶのが理想ではないでしょうか。その状況下で、各地方において金融システムの改革が進めば新たなマネーの流れが生じるものと思われます。

そしてインフラ整備、ハードもソフトも含めてですが、新興国を中心に海外における需要の高まりが確実視されているので、日本発の省エネで安全、便利なインフラシステム、つまり一つの都市モデルを輸出する格好のビジネスチャンスです。

本書では、これまでのインフラのイメージを縦横により広げたスーパースマートインフラという言葉の重みを理解していただき、さらにその革命を起こすことで日本の社会全体の生産性が向上し、社会の利便性が増すとともにビジネスでも大きなチャンスになり得るのだと認識してもらえればと思います。スーパースマートインフラは、あらゆる分野を包括しながら日本の明るい未来を形成する上で、欠かせない理念なのです。

第2章

国の取り組み

・**総務省**

ＩＣＴ／ＩｏＴを活用した地方創生の実現に向けて

・**経済産業省**

世界に先駆けた水素社会の実現／
次世代エネルギー・社会システム実証事業の総括と今後

・**国土交通省**

スマートインフラの海外展開について

・**環境省**

低炭素社会の実現へ向けた「COOL CHOICE」の取り組み

◆総務省

Ⅰ ＣＴ／ＩｏＴを活用した地方創生の実現に向けて

はじめに

わが国は、少子高齢化やコミュニティの再生、雇用の創出、地域の活性化など、さまざまな課題を抱えており、これらの課題の解決が喫緊の課題となっている。

ＩＣＴ（情報通信技術）は、農業、林業、医療、交通、防災など、さまざまな分野において、分野横断的に活用することができる有効なツールであり、地域が抱える課題の解決や地域活性化を進める上で積極的にＩＣＴを利活用していくことが効果的であると期待されている。

２０１６年６月に閣議決定された「まち・ひと・しごと創生基本方針２０１６」においても、「『地方創生ＩＴ利活用促進プラン』の着実な実行に向け、地域におけるＩＣＴの定着を目指す」とされており、地域におけるＩＣＴの利活用が「まち・ひと・しごと創生」の実現に向けた重要な項目の一つとして位置付けられている。

また、同じく２０１６年６月に閣議決定された「経済財政運営と改革の基本方針２０１６」などの各種政府方針においても、農業・林業分野などにおけるＩＣＴ利活用の推進や、それぞれの分野における成功モデルの構築、その普及展開の必要性が述べられている。

さらに、総務省では、２０１６年１月から交付が開始されているマイナンバーカードについても、国民生活の利便性向上に向けて、具体的に目に見える形で利便性を実感していただけるよう公的個人認証を活用したサービスの具体化に取り組んでいる。

ＩＣＴが地域において果たす役割

ＩＣＴは時間や場所を越えて人と人を繋ぐことができる有効なツールであり、例えば、テレワークの導入によって、多様で柔軟な働き方の可能性が広がっている。

また、近年のクラウド技術の進展によって、企業だけではなく、自治体の業務やサービスにおいても積極的な効率化や生産性向上が可能となっている。

さらに、最近話題のＩｏＴ（Internet of Things：モノのインターネット）によって、モノとモノとがネットワークで繋がるようになり、これまでは多くを人手に頼っていたインフラの老朽化対策や高齢者の見守りなどの分野においても、効率的な対応ができる可能性が出てきている。ＩｏＴ、ビッグデータ、人工知能（ＡＩ）に代表される第四次産業革命の到来が予見されているところで、地域においてもＩＣＴ利活用がさらに活発化することが見込まれ、各地域をフィールドとすることで横断的にＩＣＴ／ＩｏＴを活用したさまざまなサービスの実現に取り組むことができ、地域住民のニーズに沿ったサービス展開が期待できる。

総務省における取り組み

地域が抱える課題の解決や地域活性化を目的として、総務省では２０１２年度から３年間、全国２７地域において、「ＩＣＴを活用した街づくり」の実証プロジェクト（ＩＣＴ街づくり推進事業）を実施し、他の地域への普及展開が可能な成功モデルの構築を推進してきた。

これまでの実証プロジェクトで得られた成果として、他の地域への具

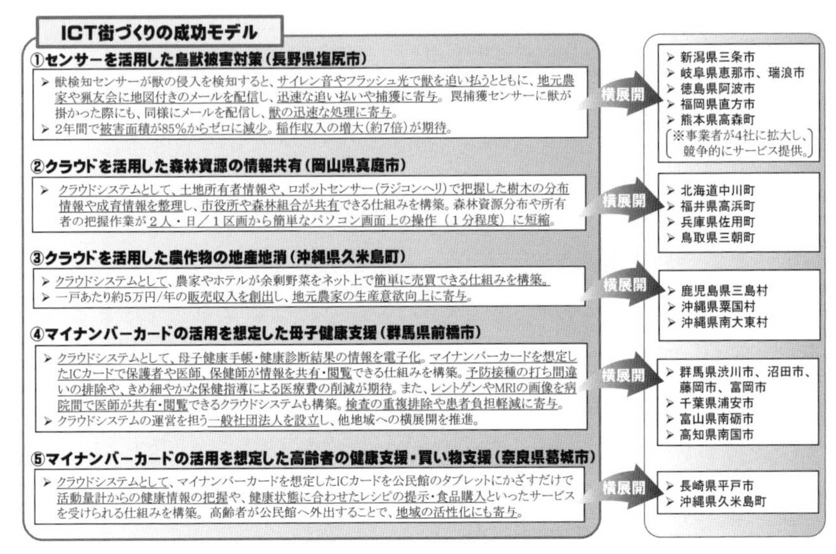

図１：ＩＣＴ街づくりの成功モデルの普及展開

体的な普及展開が期待できるものが出てきており、総務省では、これらの成功モデルについて、順次普及展開を進めている（**図１**）。

具体的には、２０１５年度より、「ＩＣＴまち・ひと・しごと創生推進事業」として、ＩＣＴ街づくり推進事業の実証プロジェクトにおいて得られた成果（成功モデル）のうち、具体的な成果・効果が上がっている分野や今後の普及展開が見込める分野（鳥獣被害対策、林業、マイナンバーカードの利活用等）について、成功モデルの普及展開に取り組む自治体や事業者等に初期投資・継続的な体制整備等にかかる経費（機器購入、システム構築および体制整備に向けた協議会開催等に係る費用）の一部を補助している（**図２**）。

具体的な成功事例の紹介等

紙幅の都合上、全ての事例を紹介することはできないが、ＩＣＴ街づくり推進事業の実証プロジェクトで得られた具体的な成功事例のうち、

（H28予算 2.5億円）

・これまでのICT街づくり実証プロジェクトの成果や地方創生に資する先進的な地域情報化の先進事例の横展開に取り組む自治体等の初期投資・継続的な体制整備等にかかる経費の一部を補助する。

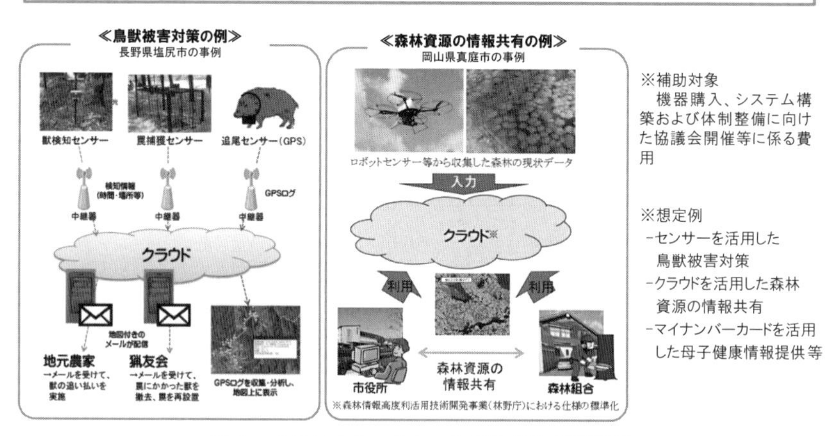

図2：ＩＣＴまち・ひと・しごと創生推進事業

長野県塩尻市における「センサーを活用した鳥獣被害対策」、岡山県真庭市における「クラウドを活用した森林資源の情報共有」、群馬県前橋市における「マイナンバーカードを活用した母子健康情報提供」の取り組みについて紹介するとともに、それぞれの普及展開の状況を述べる。

（1）センサーを活用した鳥獣被害対策（長野県塩尻市）

長野県塩尻市では、イノシシ等によって水田が荒らされ、収穫高の減少や耕作放棄地の拡大が深刻化していた。そこで、水田周辺にセンサーを設置し、獣を感知すると、サイレンやフラッシュで追い払うとともに、地元の農家や猟友会にメールを配信する仕組みを構築した。これにより、迅速かつ効率的な獣の追い払いや捕獲が可能となり、実証を行った地区では、２年間で被害ゼロを実現した（次ページ**図３**）。また、２０１５年度において、県内外の６自治体への普及展開が進んでおり、複数の事業者がクラウドサービスとして、メール通知サービスを提供するように

センサーを活用した鳥獣被害対策

課題

- ✓ 長野県塩尻市では、イノシシ等が水田を荒らすことによる米収穫高の減少や耕作放棄地の拡大が年々深刻化。
- ✓ 電気柵や罠の設置などハード面での対策を実施するも、効果は限定的。

実証内容

- ✓ 塩尻市が同市内の北小野地区において、水田周辺に獣検知センサーや罠捕獲センサーを設置。
- ✓ 獣検知センサーが獣を検知すると、①サイレン音やフラッシュ光で獣を追い払うとともに、②検知情報がクラウドを介して農家や猟友会に地図付のメールで配信され、迅速な追い払いや捕獲に寄与。
- ✓ 罠捕獲センサーが罠に獣が掛かったことを検知すると、その情報がクラウドを介して農家や猟友会に地図付のメールで配信され、罠に掛かった獣の迅速な撤去に寄与。（平成24～25年度：計6匹を捕獲）

成果・効果

- ✓ 北小野地区（稲作面積約27ha（※1））における実証の結果、被害面積が減少、稲作収入の増大が期待。

	平成23年度	平成24年度（実証1年目）	平成25年度（実証2年目）
被害面積（※2）[%]	85	20	0
稲作収入（※3）[万円]	354	1,890	2,362

※1　塩尻市全体の稲作面積（約700ha）の約4%　※2　地元農家への聞き取り調査に基づき、日本ソフトウェアエンジニアリング株式会社が推計
※3　耕作可能面積及び1ha当たりの平均稲作収入を基に、日本ソフトウェアエンジニアリング株式会社が推計

長野県塩尻市は、総務省からの支援により、ICT街づくり推進事業（H24～25年度）を実施。

罠捕獲センサー　クラウド　追尾センサー　罠捕獲センサー　サイレン音 フラッシュ光　獣検知センサー　獣検知センサー

図３：「センサーを活用した鳥獣被害対策」の成功モデル（長野県塩尻市）

センサーを活用した鳥獣被害対策

課題

- ✓ 狩猟者の高齢化や担い手不足のため、銃器類を使わない箱罠等での捕獲を推進しているが、エサやりや捕獲確認など広域的な見回りに負担がかかり、効率的な対策に課題。

事業内容

- ✓ センサーネットワークを活用して、獣の追い払い時や箱罠での捕獲時に、猟友会や自治体職員の携帯電話等にメールが届く仕組みを構築。
- ✓ また、捕獲頭数や追い払い回数の自動計測、画像などのデータの分析を行うことにより、鳥獣の動態に応じたきめ細かい対応に活用。
- ✓ 町内2地区において、箱罠センサー30台、追い払いセンサー10台を運用中。（2016年1～3月にかけてイノシシ9頭を捕獲）

成果・効果

- ✓ 猟友会や農家の見回り負荷が軽減されたことにより、効率的な捕獲や罠の設置数の追加が期待。
- ✓ 効率的な捕獲により、鳥獣による農作物被害額の減少が見込まれ、「地域就農支援」「農業振興」の推進に寄与。

熊本県高森町は、総務省からの支援により、ICTまち・ひと・しごと創生推進事業（H27年度）を実施。

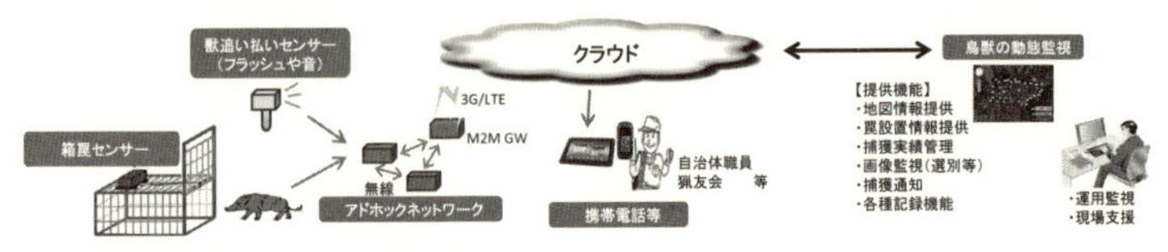

図４：熊本県高森町における「センサーを活用した鳥獣被害対策」

なっている。例えば、熊本県高森町では、捕獲頭数や追い払い回数の自動計測、画像などのデータの分析を行うことにより、鳥獣の動態に応じた対応に活用できる仕組みも構築した（**図４**）。

（２）クラウドを活用した森林資源の情報共有（岡山県真庭市）

岡山県真庭市では、森林の土地所有者情報やロボットセンサーで把握した樹木の分布情報、成育情報をクラウドシステムで整理し、市役所や森林組合が森林資源情報を共有できる仕組みを構築した。森林資源分布や所有者の把握作業に、従来は、２人・日／１区画がかかっていたが、簡単なパソコン画面上の操作（１分程度）に作業時間を短縮することに成功した（**図５**）。岡山県内の他、県外にも普及展開が進んでおり、例えば、北海道中川町では、高い付加価値が見込める木の位置情報をクラウド上で管理し、小規模で特殊な木材の受注に対応する体制を確立した（次ページ**図６**）。

クラウドを活用した森林資源の情報共有

課題
- ✓ 岡山県真庭市は、美作（みまさか）地方に位置する地方都市（成熟都市）であり、面積の8割を森林が占める。
- ✓ 木材産業が発展しており、木質バイオマス発電所が平成27年度より稼働。燃料等森林資源の安定供給が課題。
- ✓ 過去に、大型台風の襲来による大規模な風倒木被害が発生。資源保全・土砂災害防止の視点から対策が必要。

実証内容
- ✓ 地番現況図を共通IDとした森林林業クラウドを導入し、行政機関と資源生産事業者との情報共有を促進。
- ✓ ロボットセンサー（UAV）を導入、樹木の位置や種類等を上空から柔軟に把握する体制を構築。
- ✓ 上記を災害時に活用し、風倒木や土砂災害発生箇所を迅速に把握し、関係者にて共有。

成果・効果
- ✓ 森林組合が土地所有者情報を把握する際、従来は1区画に2人がかりで終日（8時間程度）費やしていたが、森林林業クラウドを用いた地番現況図の閲覧によって、簡易な画面上の操作（1分程度）で作業を完了させることが可能となった。
- ✓ また、森林資源の分布（樹木の種類別面積、生育状況等）を把握する際、従来は1区画に2人がかりで終日（8時間程度）費やしていたが、ロボットセンサーを用いた空中写真等、森林林業クラウドに蓄積された情報の活用により、簡易な画面上の操作（1分程度）で作業を完了させることが可能となった。

岡山県真庭市は、総務省からの支援により、ICT街づくり推進事業（H25年度）を実施。

森林林業クラウド　**ロボットセンサー**

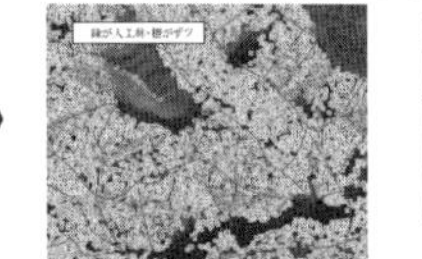

森林資源量の把握・関係者間の共有

森林資源の有効活用
木質バイオマス発電等への燃料安定供給

図５：「クラウドを活用した森林資源の情報共有」の成功モデル（岡山県真庭市）

クラウドを活用した森林資源の情報共有

課題

- ✓ 北海道中川町は、北海道北部に位置し、トドマツ、ミズナラ、オニグルミなどを中心とした森林が町内の86%を占める。
- ✓ 町有林を中心に木材生産を行っているが、林業構造の安定化のために私有林における木材生産量の拡大が急務。
- ✓ 持続的な森林経営と地方創生の実現のためには、事業の効率化と木材の高付加価値化の両方が必要。

事業内容

- ✓ 地籍図や航空写真などをクラウド化し、人工林と天然林の資源分析を行い、持続的・安定的な木材生産体制を確保。
- ✓ 特定の技術者の経験・知識に依存していた路網情報・施業履歴を可視化し、森林経営計画の策定を効率化。
- ✓ 高い付加価値が見込める木の位置情報をクラウド上で管理し、小規模で特殊な木材の受注に対応する体制を確立。

成果・効果

- ✓ 町役場や森林組合による施業箇所の現地確認作業が4日⇒2.7日に短縮。
- ✓ クラウド化に加えて、町産木材のブランド化、施業集約化に取り組んだことで、私有林からの木材生産量が、過去3ヵ年平均163㎥⇒平成27年度実績750㎥に増加。
- ✓ 全体として事業の拡大が期待でき、平成28年度に3名程度の新規雇用（林業従事者）を見込む。

北海道中川町は、総務省からの支援により、ICTまち・ひと・しごと創生推進事業（H27年度）を実施。

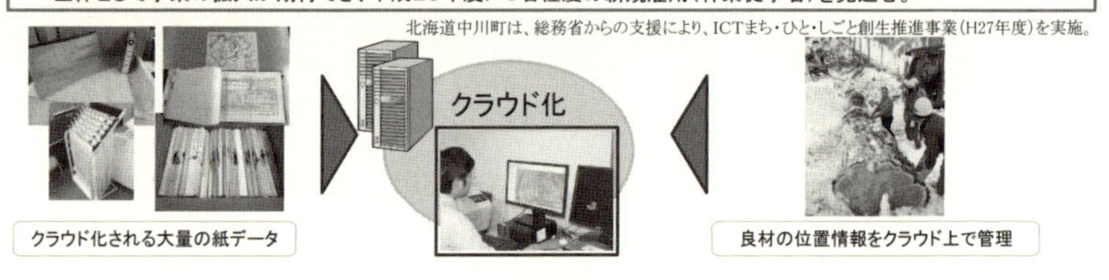

図６：北海道中川町における「クラウドを活用した森林資源の情報共有」

（３）マイナンバーカードを活用した母子健康情報提供（群馬県前橋市）

群馬県前橋市では、地元医師会の協力のもと、子どもの予防接種記録や、医療機関・小学校における検診情報を電子化・ひも付けし、保護者や医師が一元的に子どもの健康情報を閲覧できる仕組みを構築した。マイナンバーカードをパソコンやタブレットのリーダーにかざすだけでサービスの利用申し込みやログインが可能であり、住民にとって利便性が高く、安心して利用できる仕組みとなっている（**図７**）。既に群馬県内外の自治体へと普及展開が進んでおり、例えば、富山県南砺市では、ケーブルテレビ事業者等の協力を得てサービス提供を行い、保護者が自宅のテレビから検診結果などの母子健康情報を一元的に閲覧できるシステムを構築した。ケーブルテレビのセットトップボックスにマイナンバーカードをかざしてログインを行い、母子健康情報や行政からのお知らせをテレビ画面に表示する仕組みとなっている（**図８**）。

マイナンバーカードを活用した母子健康情報提供

課題

✓ 健康管理の分野においては、医療機関や小学校、幼稚園等における健康診断情報などが一元的に管理されておらず、市民にとって情報を入手しにくい状況であることが課題。

実証内容

✓ 幼児や児童を持つ世帯を対象に、過去の母子健康手帳の記録を電子化。現在の健康記録と結びつけ、予防接種記録や医療機関、保健センター、小学校等における検診情報も記載することで、一貫した子どもの健康情報を提供。ICカードをリーダー等にかざすだけでログインできるシステムを実装。

✓ また、診療所や拠点病院等の医療機関間で検査画像等の画像情報を共有し、ICカードを用いた個人認証により閲覧出来る仕組みを構築。

✓ マイナンバーカードの配付開始後は、マイナンバーカードを使用。

成果・効果

✓ 電子母子健康手帳については、実証実験に参加した市民へのアンケートでは8割以上がサービスの継続・実用化を希望。

✓ 上記システムの自立的・継続的な運営を担う組織を設立（平成27年3月）。

群馬県前橋市は、総務省からの支援により、ICT街づくり推進事業（H25〜26年度）を実施。

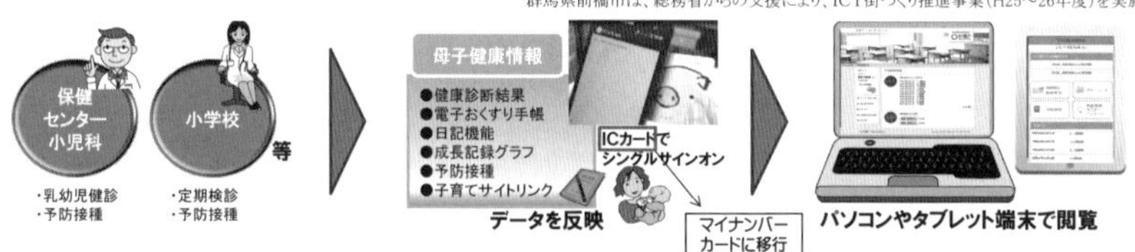

図7：「マイナンバーカードを活用した母子健康情報提供」の成功モデル（群馬県前橋市）

ケーブルテレビとマイナンバーカードを活用した母子健康支援

課題

✓ 母子健康情報の分野においては、医療機関や小学校、保育園等における健康診断の結果の情報などが一元的に管理されておらず、市民にとっては一元的な情報を入手しにくい状況。

事業内容

✓ 利用者が、自宅のケーブルテレビから健診・教室・予防接種状況などの母子健康情報を一元的に閲覧できるシステムを構築。

✓ ケーブルテレビのセットトップボックスを活用してログインの際の本人確認（マイナンバーカードを活用した公的個人認証）を行い、一般社団法人ICTまちづくり共通プラットフォーム推進機構（TOPIC）が提供する母子健康情報サービスをテレビ画面に表示。

✓ マイナンバーカードへの対応を進め、2016年2月から運用を開始。

成果・効果

✓ 母子健康情報サービスの運用により、利用者に対して適切な健診時期等を周知することが可能となり、乳幼児健診の受診率及び予防接種率の向上が期待される。

✓ 本事業の実施結果をもとに導入・運用コストを明確にし、本システムの適切なサービス利用料を算定するなど、次年度以降の自立的・継続的な運営を目指す。

富山県南砺市は、総務省からの支援により、ICTまち・ひと・しごと創生推進事業（H27年度）を実施。

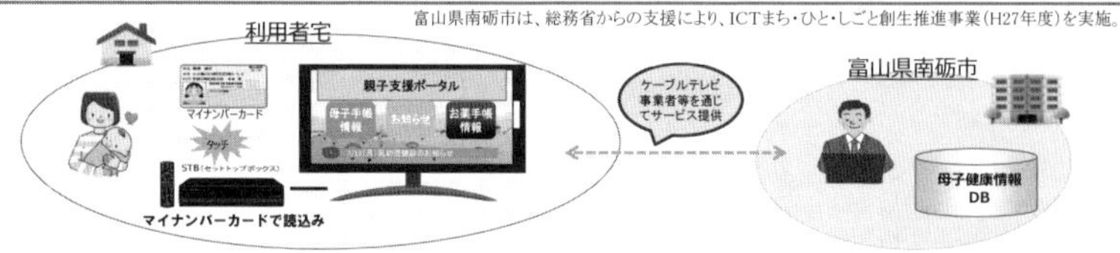

図8：富山県南砺市における「ケーブルテレビとマイナンバーカードを活用した母子健康支援」

おわりに

今回紹介した事例は、ごく一部であるが、今後、官民のあらゆる分野における業務の効率化や生産性向上を図っていくためには、今回の事例のようにＩＣＴをツールとして利活用していくことが不可欠である。総務省では、引き続き、成功事例の構築を図るとともに、他の地域への普及展開を推進していく。さらに、来る「ＩｏＴ／ビッグデータ」時代に向け、新たな投資や雇用を促す施策や次世代人工知能などの研究開発に取り組むとともに、いわゆる「スマートシティ」と呼ばれるような構想を元とした、生活に身近な分野にＩｏＴが浸透していく取り組みを一層推進していく（**図９**）。各自治体では、これから地方版の「まち・ひと・しごと創生総合戦略」に基づいて、具体的なプロジェクトの実行段階に入るが、このようなＩＣＴを活用した成功事例が皆様の地域における「まち・ひと・しごと創生」の取り組みの一助となれば幸いである。

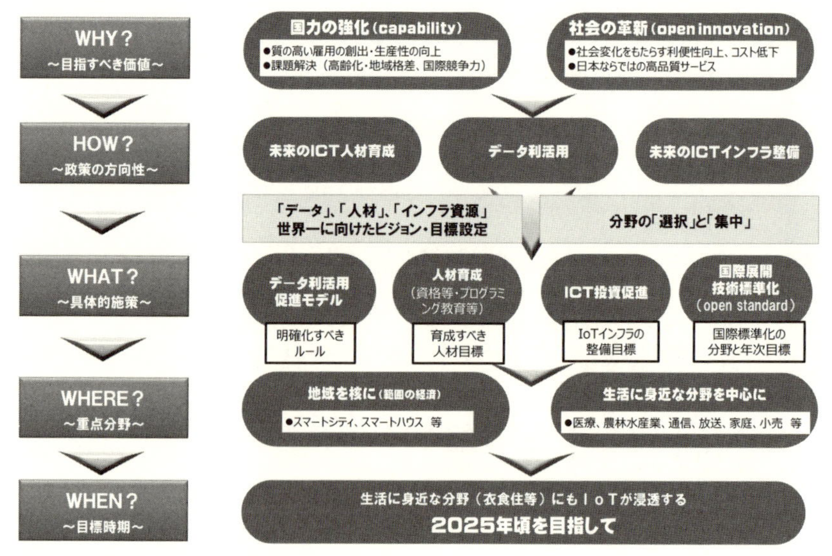

図９：「総務省　情報通信審議会　第二次中間とりまとめ（概要）」（平成２８年６月２０日）より

◆経済産業省

世界に先駆けた水素社会の実現／次世代エネルギー・社会システム実証事業の総括と今後

２０１４年４月に閣議決定された新たなエネルギー基本計画では、「３Ｅ＋Ｓ」、すなわち、安全性（Safety）を前提とした上で、エネルギーの安定供給（Energy Security）を第一とし、経済効率性の向上（Economic Efficiency）による低コストでのエネルギー供給を実現し、同時に環境への適合（Environment）を図ることをエネルギー政策の基本的視点としている。同計画の中で、水素エネルギーについては、将来の二次エネルギーとして電気、熱に加えて中心的役割を担うことが期待されるとしている。こうした中、２０１６年３月、水素・燃料電池戦略協議会（座長・柏木孝夫東京工業大学特命教授）は、「水素・燃料電池戦略ロードマップ」を改訂した。また、同計画では、スマートコミュニティについて、その実現により、平常時には大幅な省エネ、非常時にはＢＣＰの強化が期待されるとしている。これまで、スマートコミュニティに関しては、次世代エネルギー・社会システム実証事業（２０１１年度～２０１４年度）を実施し、２０１６年６月、次世代エネルギー・社会システム協議会において、本実証事業の総括と今後の展開について整理したところである。

本稿では、水素利活用の意義、そして水素社会実現に向けてのシナリオについて紹介するとともに、次世代エネルギー・社会システム実証事業の総括と今後について概説することとしたい。

「世界に先駆けた水素社会の実現」

＜水素をエネルギーとして活用する意義＞

水素エネルギーの利活用を進める意義として、第一に、環境負荷の低減が挙げられる。水素は化石燃料とは違い、利用段階では水のみを排出し、CO_2を含めた排気ガスを生み出さない。さらに、二酸化炭素回収・貯留（ＣＣＳ）技術や再生可能エネルギーを水素製造時に活用することができれば、トータルでのCO_2フリー化も可能である。また、家庭用燃料電池（エネファーム）の特長としてよく知られているように、省エネルギー性にも優れており、一次エネルギーの削減効果が大きい。これは、水素と空気中の酸素の電気化学反応から電気エネルギーを直接取り出す燃料電池は、発電効率が高く、また反応時に生じる熱を有効活用することで、非常に高い総合エネルギー効率を実現することが可能なためである。

第二の意義として、エネルギーセキュリティの向上への貢献が挙げられる。水素は製造原料の代替性が高く、副生水素、原油随伴ガス、褐炭といった未利用エネルギーや、再生可能エネルギーを含む多様な一次エネルギー源からさまざまな方法で製造することができ、エネルギーの供給源を多様化することが可能である。現在、ＮＥＤＯの実証事業として、豪州の未利用エネルギーである褐炭をガス化・精製し、水素として日本に輸送するプロジェクトが進められている。

さらに、最近注目を集めている水素の特長は、安定的に長期間エネルギーを貯蔵できるという点である。太陽光や風力のような不安定な再生可能エネルギーは、需要にかかわらず電気を生み出すため、電力系統全体でその変動を吸収しなければならない。電気を電気のまま貯めるのは容易ではないが、電気を水素に変えてしまえば、長期間の貯蔵が可能となる。この電気を水素に変える技術はPower-to-Gas技術と呼ばれ、ド

現在：工業プロセスで既に実用化

化石燃料
（石油、天然ガス等）

✓ 化石燃料を高温で水蒸気と反応させることで水素を製造

副生水素
（製鉄・化学等）

✓ 苛性ソーダ等の製造時に、副生物として水素が発生
✓ 鉄鋼製造プロセスのコークス精製時に水素リッチな副生ガスが発生

中期：未利用エネの活用

未利用エネルギー

✓ 褐炭などの低品位炭、原油・ガス田随伴ガスなどの未利用エネルギーから水素を製造（将来的にはＣＣＳ等のＣＯ２排出を低減する技術を活用）
✓ 未利用の副生水素を活用

長期：再エネの活用

再生可能エネルギー
（風力、太陽光等）

✓水に再生可能エネルギー等による電気を流すことによって水素を製造（水の電気分解）

図　水素のさまざまな製造方法　出典（経済産業省作成）

イツを中心とした欧州において実証が進められている。

以上のようなエネルギー政策上の観点に加え、日本の燃料電池分野の特許出願件数は世界一位であること等、日本が強い競争力を有する技術分野であることから、産業振興としての意義も大きい。

＜水素・燃料電池戦略ロードマップの改訂＞

本ロードマップは、水素・燃料電池分野におけるプレイヤーが非常に多いため、目指すべき方向性とその実現のための官民の取り組みについて、時間軸を含めてイメージを共有する目的で作成されている。今般、策定当時（２０１４年６月）から２年弱が経過し、燃料電池自動車（ＦＣＶ）が市場投入されるなど、技術水準が大きく進歩したことを踏まえ、官民の有識者で議論を重ね改訂した。

第一に、家庭用燃料電池（エネファーム）の将来的な目標価格を明確化した。具体的には、２０２０年頃に自立的普及が可能となるよう、投資回収年数が７～８年程度となるエンドユーザー負担額（固体高分子形燃料電池（ＰＥＦＣ）については８０万円／台、固体酸化物形燃料電池（ＳＯＦＣ）については１００万円／台）を目指すこととした。さらに､数値目標を達成するための前提条件や技術課題も明らかにした上で､メーカーやガス事業者など関係するプレイヤーごとの役割分担を明確化した具体的なアクションプランを盛り込んでいる。２０１７年の市場投入を目標としている業務･産業用燃料電池についても､初期需要をつくっていくための具体的な支援策を検討することとしている。

また、ＦＣＶや水素ステーションについても、これまでは「四大都市圏を中心に１００箇所整備する」ことを目標に取り組みを進めてきたが、改訂版では１００箇所以降のビジョンについて示した。すなわち、２０２０年、２０２５年、および２０３０年の各断面におけるＦＣＶの普及目標とともに、ＦＣＶの普及のペースに合わせた水素ステーションの整備目標を設定した。ＦＣＶについては、２０２５年の２０万台、さらに２０３０年の８０万台という普及台数目標を達成するためには、現在７００万円以上の車両価格を引き下げ、ボリュームゾーン向けの新車投入が不可欠であることから、２０２５年頃にはこれを実現することとした。水素ステーションについても、整備・運営費、水素調達コストの低減目標を設定するとともに、それらを総合的に勘案した２０２０年代後半頃の水素ステーションの自立化目標等を掲げた。

さらに、より中長期的な取り組みである大規模水素サプライチェーン構築／水素発電(フェーズ２)や、再生可能エネルギー等を活用したCO_2フリー水素（フェーズ３）についても現状の技術動向を踏まえ反映した。

＜水素エネルギーの社会実装に向けて＞

水素・燃料電池戦略ロードマップでは、短期的、中期的、長期的の３

つのフェーズに分けて水素社会の実現を目指している。

まずフェーズ１では、エネファームや燃料電池自動車、水素ステーションなどの導入などを進め、身の回りで水素の利用の飛躍的拡大を目指す。（こうした中で、技術の標準化や規制見直しなどを進める。）また、フェーズ２では、２０３０年頃をターゲットに、水素を大規模に消費するエネルギーシステムの構築を目指す。このため、①水素発電や、②海外で製造した水素を日本に輸送する技術の実証などを進める。最後に、フェーズ３では、再生可能エネルギーから水素を製造するなど、最終的にはトータルでのCO_2フリー水素供給システムの確立を目指す。２０４０年頃のCO_2フリー水素の製造、輸送・貯蔵の本格化を見据えつつ、Power-to-Gas 技術など、再生可能エネルギーの導入拡大と電力系統安定化にも資する革新的な技術開発などを進めていく。

しかし、水素の利活用には、燃料電池の耐久性や信頼性等の技術面での課題や、一般の許容額を超過するコスト面での課題だけでなく、水素を日常生活や産業活動でエネルギー源として使用するために必要となる規制の整備等の制度面での課題、そしてＦＣＶを普及させるために必須となる水素ステーションの整備といったインフラ面の課題等、いまだ多くの課題が存在しており、これらの課題を一体的に解決できるかが水素社会実現の鍵となる。そのためには、社会構造の変化を伴うような大規

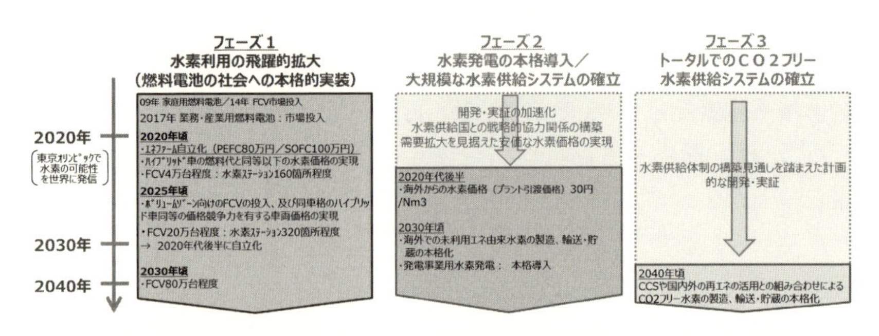

図　水素社会実現に向けた３つのフェーズにおける取り組みの方向性　出典（経済産業省作成）

模な仕組みと長期の継続的な取り組みが求められ、さまざまな局面で、将来ビジネスを担う水素の需要側と供給側の双方の事業者が、各々の立場の違いを乗り越えつつ、水素の活用に向けて産学官で協力して積極的に取り組んでいくことが必要となる。

今後は、上述した三つのフェーズに分かれたステップ・バイ・ステップでの取り組みを着実に実施し、水素社会の実現を目指す。

「次世代エネルギー・社会システム実証事業の総括と今後」

＜実証事業の成果＞

本実証事業（２０１１年度～２０１４年度）は、スマートコミュニティ※の構築を進めるべく始められ、公募により選出された横浜市、豊田市、けいはんな学研都市、北九州市の４地域で実施されたものである。

本実証事業では、今後の展開の基盤となる技術の確立として、①ＥＭＳ（エネルギー管理システム）の開発、②通信インターフェイスの確立、③蓄電池制御技術の開発、④車両からの給電技術の開発がなされ、また、⑤需要制御技術の実証において、需要家側の電力需要を制御する取り組みであるデマンド・レスポンス（ＤＲ）の技術的活用可能性の確認がなされた。

それぞれの概要は以下のとおりである。

①ＥＭＳ（エネルギー管理システム）の開発：特にＣＥＭＳ（コミュニティエネルギー管理システム）の開発を行い、このＣＥＭＳにより、コミュニティ単位で効率的なエネルギー需給管理が可能となった。

※　スマートコミュニティ：再生可能エネルギーやコージェネレーション等の分散型エネルギーを用いつつ、ＩＴや蓄電池等の技術を活用したエネルギーマネジメントシステムを通じて、分散型エネルギーシステムにおけるエネルギー需給を総合的に管理し、エネルギーの利活用を最適化するとともに、高齢者の見守りなど他の生活支援サービスも取り込んだ新たな社会システムを構築したもの（エネルギー基本計画：平成26年4月11日閣議決定）

②通信インターフェイスの確立：電力会社とアグリゲーター（複数の需要家の需要制御量を束ねて取引する事業者）間の通信インターフェイス（OpenADR ２．０ｂ）やＨＥＭＳ（ホームエネルギー管理システム）と家庭内機器の通信インターフェイス（ECHONET-Lite）の確立を行った。

③蓄電池制御技術の開発：蓄電池を統合制御するシステム（蓄電池ＳＣＡＤＡ）を構築し、複数の蓄電池を連携させる実証を実施した。

④車両からの給電技術の開発：電気自動車から直流によって宅内に給電するシステムやプラグインハイブリッド電気自動車から交流によって宅内へ給電するシステムを開発した。

⑤需要制御技術の実証：電気料金設定によって需要抑制を促す電気料金型デマンド・レスポンスや電力会社と需要家等の契約に基づき電力会社からの要請に応じて需要家が需要制御するネガワット（節電量）取引について実証を行った。

＜今後の展開に当たっての課題＞

上記のとおり、本実証事業ではさまざまな成果が得られたが、スマートコミュニティの今後の展開にあたっては大きく分けて三つの課題が存在する。一つめは経済性である。ＥＭＳ等の各要素技術のコスト、蓄電池等の各機器のコスト、熱導管や自営線等のエネルギー融通を行うためのコストはどれも高く、それらの初期投資やランニングコストを回収するビジネスモデルを描くことが困難である。ビジネスモデルをいかに確立していくかが今後の課題となる。二つめは推進主体である。事業展開にあたっては多くの事業者が関係するため､事業全体を先導的に推進し、各事業者の利害関係の調整等を行う主体が必要不可欠となるが、上記経済性の課題とも関連して、積極的にその役割を担う事業者が現れにくいのが現状である。そのような事業者をいかに確保していくのかが課題となる。三つめは需要家側のメリットである。現状、事業全体として事業者側にメリットがある仕組みに偏重しており需要家側のメリットが分かりづらくなっている。需要家側のメリットを確保する仕組みをいかに構築するかが課題となっている。

＜今後の展開＞

上記のような課題を踏まえ、今後は、実証により得られた成果をもとに、「エネルギー・リソース・アグリゲーション・ビジネス」および「地産地消型エネルギーシステムの構築」の二つをターゲットとして展開していく。

まず、「エネルギー・リソース・アグリゲーション・ビジネス」は、再エネ設備、蓄電池、デマンド・レスポンス等の需要家側エネルギーリソースを統合的に制御し、一つの発電所（仮想発電所:バーチャルパワープラント）として機能させる事業である。取り扱うエネルギーを電気に特化させ、コミュニティの枠を超えた新たなエネルギーサービスを展開していくこととなる。本事業に関しては、欧米においてビジネス化の事例があり（例：カナダのエンバラ社）、日本においてもいくつかの事業者が、需要家側エネルギーリソースの統合制御者（アグリゲーター）としてビジネスを行うことに興味を示している。需要家側においても、統合制御者からエネルギーリソースの活用について対価が得られることとなる。本事業の推進にあたっては、「バーチャルパワープラント構築事業」で上記実証事業の成果をさらに発展させたビジネスモデル実証を実施するとともに、本年１月に設置した有識者により構成されるエネルギー・リソース・アグリゲーション・ビジネス・フォーラム／検討会において、アグリゲーション・ビジネスの振興を図り、また、技術的な課題等に対応していく。

次に、「地産地消型エネルギーシステムの構築」では、エネルギーマネジメントシステム等を活用しつつ、地域で生み出されるエネルギーの最大活用・最適化を目指す。地域に根ざしたコミュニティづくりの観点から、一定エリアで熱などの地産エネルギーを融通するほか、地域活性化に資する地域サービスの提供などが期待される。また、需要家においては、エネルギーコストの低減や低炭素エネルギーが利用可能といったメリットが考えられる。今後は、「地産地消型再生可能エネルギー面的利用等推進事業」を通じて、どのような地域モデルであれば経済性が得られるか検証していくとともに、ビジネス上の自立的な推進主体の確保を図っていく。

今後は、以上の通り、予算事業や有識者の知見等を有効に活用しながら、新しいエネルギーシステムの構築に関する取り組みを引き続き進めてまいりたい。

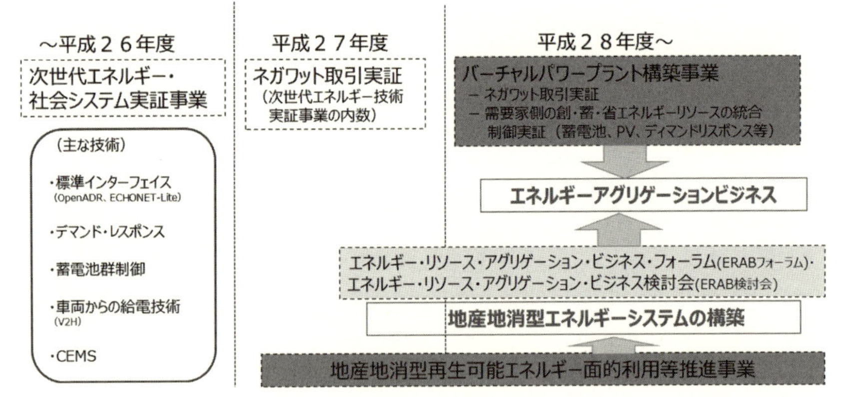

図　次世代エネルギー・社会システム実証事業の今後の展開の全体像　出典（経済産業省作成）

◆国土交通省

スマートインフラの海外展開について

インフラシステム海外展開の動向

政府としてのインフラシステム海外展開への取り組み

わが国が直面している人口減少等の問題は、消費需要や労働供給を中心に国内市場の縮小要因となり、ひいては持続的な経済成長の阻害要因となる懸念がある。現在、国内には復興や東京オリンピック・パラリンピックに向けた準備等のインフラ需要があるが、その後も持続的に発展する経済の仕組みを持たなければならない。

一方、海外に目を転じると、世界のインフラ市場は、新興国等の急速な都市化と経済成長により、さらなる拡大が見込まれる。ある試算によると、世界のインフラ投資必要額は２０００～２０３０年累計で約７１兆ドル（ＯＥＣＤ統計）となっており、非常に大きな市場である。わが国の社会経済状況を踏まえれば、新興国等の成長への貢献を強化するとともに、わが国の技術とノウハウを生かして世界のインフラ需要を取り込むことは、持続的な成長に向けた一つの重要な方策であり、インフラシステム海外展開は、わが国の重要な政策の柱の一つとなっている。具体的には、総理大臣の指示の下、インフラシステム海外展開の司令塔として設置されている官房長官を議長とする閣僚会合「経協インフラ戦略会議」において、２０１３年５月に「インフラシステム輸出戦略」が発表され、わが国企業が２０２０年に約３０兆円（２０１０年：約１０兆円）のインフラシステムの海外受注を目指すとの目標を明示している。

わが国が行うインフラシステム海外展開は、技術のレベルが高く、故障や不具合が少なく長寿命であること、工期を含め相手国との契約事項を確実に履行すること、環境や防災へ配慮すること等により、多くの国より「信頼」を勝ち得ることができている状況にある。インフラシステム海外展開を一時の盛り上がりに終わらせず、持続可能な成長軌道としていくためには、この「信頼」を将来にわたって守り、維持できるように努力していくことが重要である。

スマートインフラ海外展開の取り組み

スマートインフラ海外展開の潮流

都市、エネルギー、水管理、交通、農業、医療、行政、防災等の各分野のインフラにＩＣＴ（情報通信技術）を活用する動きが国内外で加速する中、今後、相手国の状況や事業の性格を踏まえつつ、ＩＣＴによりインフラの質の一層の向上を図り、積極的にその海外展開を進めていくことが求められる。特に、当該分野の技術は日進月歩の進展があり、その積極的な活用は輸送サービスやインフラの維持管理のさらなる効率化、高度化が図られる等、他との優位性を質的に変化させてしまう要素がある。このため、中長期にわたってわが国の技術力の優位性を維持することができるよう、ＩｏＴ（Internet of Things)、ＡＩ（Artificial Intelligence)、センサー等の情報通信技術の進展やビッグデータの活用等の新たな技術の展開を取り込む努力を続けることが国際的な優位性を将来にわたって確保する上で重要となっている。

また、新交通システムのさらなる高速化や省エネルギーで高齢者にも優しい先進的なまちづくり、地震など多くの災害経験を通じてわが国がこれまでに培ってきた津波対策等の防災技術の強みなど、わが国が既に独自性や他国と比較優位性を有するインフラシステムについても、今後のインフラシステム海外展開において、相手国のニーズを踏まえながら、さらに積極的に打ち出していくことが重要である。

さらに、先進技術の活用は、国際的スタンダードの獲得競争が加熱している分野とも言える。例えば、ドイツでは、ＩＣＴの徹底活用による効率的な生産管理システムの実現を目指す取り組み（インダストリー４．０）が推進されており、また、２０１３年の省庁再編により、交通と通信を融合させる「独連邦交通・デジタルインフラ省」が創設されるなど、最先端の技術とインフラを組み合わせた取り組みが加速している。わが国においても、情報通信技術の活用を社会変革につなげているビジョンである「Society ５．０」が２０１６年１月に閣議決定された「科学技術基本計画」において明示された。この中において、「システムのパッケージ輸出の促進を通じ、わが国発の新しいグローバルビジネスの創出を図り、少子高齢化、エネルギー等の制約、自然災害のリスク等の課題を有する課題先進国であることを強みに変える」との力強い意欲が示されている。

政府としてのスマートインフラ海外展開への取り組み

このような流れの中、２０１６年２月に開催された第２３回経協インフラ戦略会議においても、「情報通信」が議論され、インフラシステム海外展開におけるＩＣＴの重要性、今後の海外展開の方策が共有された。さらに、２０１６年５月には「インフラシステム輸出戦略」の改訂を行い、「ＩＣＴ活用によるインフラの競争力強化」を新たな具体的な重要施策として位置付けており、鉄道・海運等のインフラについて、ＩｏＴやＡＩ、センサー等の情報通信技術の進展やビッグデータの活用等の新たな技術を活用した展開に向けた取り組みを進めていくことを明確化している。

「国土交通省インフラシステム海外展開行動計画」の策定

国土交通省は、国土交通分野におけるインフラシステム海外展開の取り組みを深化させ、取り組み強化に向けた重要点を明確化した「国土交通省インフラシステム海外展開行動計画」を２０１６年３月に策定した。この中においても、わが国インフラへの「信頼」を守り、中長期にわたってわが国の技術力の優位性を維持できるよう、情報通信分野等の新技術を活用した新たな海外展開の重要性を強調している。また、当該行動計画は、中小企業等の海外展開支援についても強化をうたっている。中小企業等の中には、海外展開しうる優れたスマートインフラ技術を有する企業も存在する。例えば、ＩＣＴの導入によりバスの運営の効率化とサー

国土交通省インフラシステム海外展開行動計画（概要）

背景

- ○ アジアを中心にインフラマーケットが急拡大。2015年末のASEAN経済共同体（AEC）の発足、TPP協定の大筋合意・署名がこの流れを加速。
- ○ 2015年5月に安倍総理による「質の高いインフラパートナーシップ」の発表、同年11月に関連制度、財政的支援方策を強化する方針が示された。
- ○ 一方、競合国との受注獲得競争は熾烈化し、更なる戦略的な取組みが求められている。
- ○ 国土交通省のインフラ海外展開に占める役割は極めて大きく、現行の取り組みを継続・強化しつつ、上記制度の拡充を最大限活用して、現下の状況変化に対応した新たな取り組みが必要

「行動計画」の位置付け

政府全体の「インフラシステム輸出戦略」を前提に国交省関連分野の取り組みを深掘りするとともに、海外展開の更なる拡大に向けて重要な点を明確化。

要点1：重点国、重要プロジェクトの整理・明確化

○各地域・国ごとに焦点となる国交省関係の海外展開プロジェクトを整理・明確化 → ○トップセールスをはじめ、対象国に対しより効果的なタイミングで戦略的な働きかけを実施。

要点2：人材育成等の強化	要点3：JOINの活用	要点4：建設産業の海外展開	要点5：中小企業等支援	要点6：ニーズへの対応	要点7：広報の充実	要点8：新技術の活用等
我が国の強みである人材育成支援や制度構築支援等、ソフト面における取り組みを更に強化。	官民ファンドJOINの強みを最大限活用した民間企業の海外展開を積極的に支援。	プロジェクトの横断的な実施主体として重要な産業である建設産業への海外進出支援の取り組みを強化。	優れた技術を有し、海外展開を行いたいとする国交省関連の中小企業等の海外進出を積極的に支援。	相手国のニーズの目線に立った価格や対応スピードにおける競争力向上の取り組みを強化	各省と一体的に連携し、相手国のプロジェクトや地域特性に応じたプロモーション活動を強化。	IoT、ビッグデータ等の最先端の新技術や省エネで先進的なまちづくり等の積極的展開。

要点9：海外インフラ需要を取り込むために必要な視点

○海外インフラ需要を更に取り込むためには、わが国企業がグローバル企業として更に進化していくことが重要であり、企業のこうした取り組みを支援。

実施に当たっての考慮事項

- ○ 鉄道車両の輸出、運行、維持管理等をパッケージにした「システム」としての受注等を支援。
- ○ 昨年11月に総理より発表された新たな支援策（円借款の更なる迅速化、新たなサブ・ソブリン円借款対応等）を最大限活用。また、ADB等との協調案件を積極的に構築。
- ○ 交通渋滞等、開発途上国において深刻化しつつある問題の解決に資する複数のプロジェクトを一体的に行う先駆的な取り組みを推進。
- ○ 交通事故の増加や環境問題など、これまでわが国が経験してきた課題に係るわが国の制度や技術等について、相手国の目線に立った支援を実施。
- ○ 事業の実施に当たっては、関係省庁や関係機関との連携・協力等、政府一体で行っていく。
- ○ 契約に係るトラブル等、個別の企業だけでの解決が困難な場合もあるため、官民一体となった取り組みを進めるとともに、国交省としてトップクレームや相手国の理解を求める働きかけを推進。

ビスの向上を図るバス事業改善システム等、日本の得意な安全・安心かつ効率的な交通の実現に関する分野においてである。こうした中小企業等の技術についても、積極的な海外展開支援を強化していくこととされている。

「国土交通省生産性革命プロジェクト」

２０１６年から省を挙げて取り組んでいる「国土交通省生産性革命プロジェクト」においては、「社会のベース」、「産業別」、「未来型」の三つの分野の生産性向上に取り組むことで、わが国経済の持続的で力強い成長に貢献していくこととしている。各分野において情報通信技術の活用は強く念頭に置かれているが、そのうち、インフラシステムの海外展開については、「未来型」投資・新技術で生産性を高めるプロジェクトとして、「インフラ海外展開による新たな需要の創造・市場の開拓」を打ち出している。この施策の中では、日本企業が目指すべき具体的な方向性として、ＩｏＴなどの未来型新技術を活用したスマートインフラ海外展開を推進していくことはもちろん、「グローバル競争による企業体質の強化」、「スケールメリットの発揮による価格競争力、生産性の強化」も併せて掲げている。

①ＩｏＴなどの未来型新技術を活用した市場の開拓

国内外においてインフラにＩＣＴを活用する動きが進む中、わが国としても、先進センサーやＩｏＴを活用したスマートインフラの展開を進めていくことが今後求められている。これからは、国内、海外の境なく、国際的なスタンダード獲得に向けて新技術を展開し、ひいては海外で実用された技術を国内事業にも取り込み、効率化を図っていく必要がある。

国土交通省

インフラ海外展開による新たな需要の創造・市場の開拓
～成長循環型の「質の高いインフラ」の積極的海外展開～

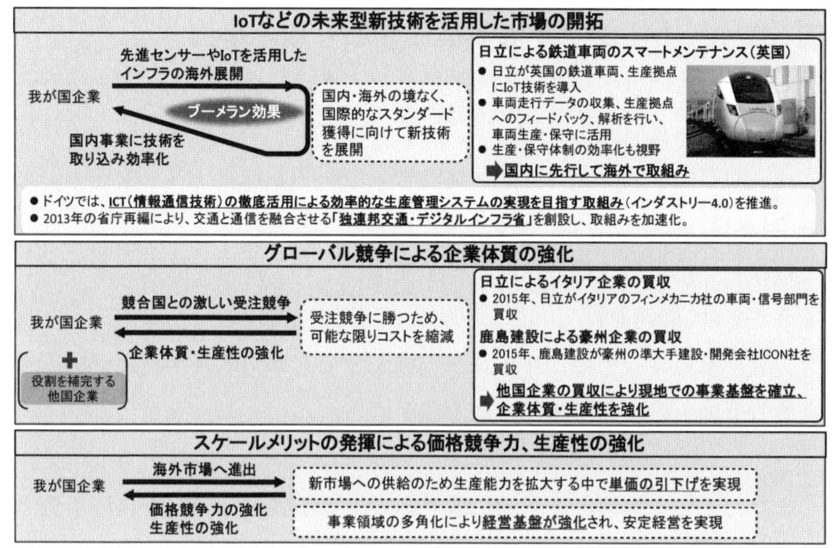

②グローバル競争による企業体質の強化

海外において厳しい受注競争に揉まれることは、可能な限りのコスト縮減や品質向上等を図ることにもなり、企業体質・生産性の強化へつながると期待されている。また、企業体質の強化として、海外企業の買収等の取り組みなども考えられ、その例として、２０１５年の日立製作所のイタリア・フィンメカニカ社の車両・信号部門の買収や、鹿島建設の豪州の準大手建設・開発会社ＩＣＯＮ社の買収が挙げられる。今後も国内企業だけで事業を進めるのではなく、他国企業の事業基盤の取り込みも含め、強固な事業基盤を築き、グローバル競争にも打ち勝っていく必要がある。

③スケールメリットの発揮による価格競争力、生産性の強化

わが国企業が海外市場という新市場へ供給を拡大することで、単価の引き下げの実現、海外進出による事業領域の多角化による経営基盤強化等の効果が発揮され、安定した経営が行われることを目指していく。

スマートインフラ海外展開の取り組み事例

ＩｏＴなどの未来型新技術を活用した市場の開拓では、国内、海外の境なく新技術を展開することによって、その技術を今度は国内事業に取り込み効率化を図る「ブーメラン効果」が期待される。日立製作所が英国において受注した鉄道車両のスマートメンテナンスシステムは、その先駆けとも言える。鉄道車両と生産拠点にＩｏＴ技術を導入したそのシステムでは、車両走行データを収集し、生産拠点（現地）へフィードバック、解析を行うことにより離れた工場などでも車両の状況把握が可能となり、車両生産・保守体制の効率化が図られる。

また、ＩｏＴ技術に先進的に取り組んでいる他分野の海外展開事例として、次世代道路課金システム（ＥＲＰ２）がある。これは、ＧＮＳＳ（全地球航法衛星システム）により測位する位置データを収集・解析するものである。例えば、渋滞を緩和したい特定の道路を対象とし、その都度ドライバーに課金を行う等、走行区域や走行距離に応じた課金を柔軟に行い、渋滞を緩和するのに役立てる。シンガポールの次世代道路課金システムについては、２０１６年2月に日本・シンガポールのコンソーシアムが受注している。

国土交通分野における、日本国内での先進的なＩＣＴ技術の活用事例

ＩＣＴを活用したインフラシステム（スマートインフラ）は、世界で通用するわが国の強みであり、日本国内でも、国土交通分野におけるＩＣＴ技術を活用した先進的な取り組み事例があるのでいくつか紹介する。

①ｉ－Ｓｈｉｐｐｉｎｇ　～海のＩｏＴによる安全性・経済性・快適性の飛躍的な向上～

海事分野でも、海上ブロードバンドの進展に伴い、海外においてさまざまな先進的取り組みが始まっている。わが国としても、船舶や船用機器のＩｏＴ、収集したデータの処理に関する技術開発等について、わが国海運業界の内外の連携により、スピードをもって推進していくことが必要である。「ｉ－Ｓｈｉｐｐｉｎｇ」は、そういった取り組みの一つであり、運航中の船舶が、センサーにより各種データを取得することにより、自船の状態（船体にかかる力）や気象・海象（波の向きや高さ）状況を踏まえた安全で経済的な「賢い」運航を可能にするシステムである。機器・システム（エンジンやポンプ）の異常の早期探知や、陸上にいる技術者からのリアルタイムでの修理支援を実現し、さらに、陸上からの医療支援、文書管理・作成の効率化による船内生活の快適化にもつながるものである。

②ＥＴＣ２．０　～道路を賢く使うためのシステム

ＥＴＣ２．０は、これまでのＥＴＣと比して、大量の情報の送受信や、インターチェンジの出入り情報だけでなく、経路情報の把握が可能となる等、格段に進化した機能を有するシステムである。双方向の情報伝達により、経路上の広域情報や画像の提供、高速料金の経路割引や大型トラックの経路誘導等、道路利用者にさまざまなメリットをもたらす、道路を賢く使うためのシステムである。

おわりに

日本国内には、ＩＣＴ技術を活用した先進的な取り組み事例が多く存在する。今後は、こういった事例を少しでも多く海外展開することで、わが国企業の技術革新、競争力の強化を図っていくことが必要である。

また、海外市場で先行導入された技術を国内に還流し、社会経済発展の「よい流れ」をつくっていくことが求められる。２０１６年5月２３日の第２４回経協インフラ戦略会議では、従来のアジア地域を対象とした「質の高いインフラパートナーシップ」を拡大し、世界全体のインフラ案件向けに今後５年間で約２０００億ドルの資金等を供給していくという目標を掲げた「質の高いインフラ輸出拡大イニシアティブ」が総理大臣より発表されている。その中では、ＪＩＣＡ、ＪＢＩＣに加え、ＮＥＸＩ、ＪＯＩＮ、ＪＩＣＴ、ＪＯＧＭＥＣも含め、オールジャパンでインフラシステム海外展開に取り組むことが掲げられている。国土交通省として、ＪＯＩＮ（株式会社海外交通・都市開発事業支援機構）等を活用しながら、ＩＣＴ技術を活用したインフラシステム（スマートインフラ）の海外展開に取り組み、積極的に海外市場の開拓を進めていく。

（参考）質の高いインフラ輸出拡大イニシアティブ（２０１６年5月２３日発表）

G7伊勢志摩サミット「質の高いインフラ輸出拡大イニシアティブ」
経協インフラ戦略会議（5月23日開催）

1．世界全体に対するインフラ案件向けリスクマネーの供給拡大

- 世界全体のインフラ案件向けに、今後5年間の目標として、約2,000億ドルの資金等を供給
  ①対象地域をアジアから全世界に（ロシア・アフリカ等）
  ②資源エネルギー等も含む幅広いインフラに対象を拡大（石油・ガス、病院等）
  ③オールジャパンで関係機関が実施
  （JICA、JBICに加え、NEXI、JOIN（交通・都市開発）、JICT（通信・放送・郵便）、JOGMEC（石油ガス・金属鉱物資源）

2．質の高いインフラ輸出のための更なる制度改善

（1）迅速化の更なる推進

- 円借款の更なる迅速化（F/S調査開始から着工までの期間を最短1年半に短縮。事業期間の「見える化」）

（2）民間企業の投融資奨励

- JICA海外投融資の柔軟な運用・見直しやユーロ建て海外投融資の検討
- NEXI貿易保険の機能拡大（海外投資保険・輸出保険の非常危険のカバー率（上限）を100％に）
- JOIN・JICTの出資基準・運用の緩和
- JBICと市中銀行の協調融資における市中優先償還の柔軟な適用

（3）その他

- 途上国の地熱開発支援
- 大規模インフラ案件に対するF/S支援
- 無償資金協力の制度・運用改善
- 人材育成支援の更なる強化

3．JICA、JBIC、NEXI、JOGMECその他の関係機関の体制強化と財務基盤の確保

◆環境省

低炭素社会の実現へ向けた「COOL CHOICE」の取り組み

地球温暖化対策をめぐる動き

（１）国際的な動向

近年、大型台風、集中豪雨、干ばつや熱波などの異常気象とそれに伴う災害が世界各地で発生し、被害をもたらしている。気候変動によって、こういった極端な気象現象が増え、インフラ等の機能停止のリスクが高まったり、食料安全保障が脅かされたりする可能性が指摘されている。また、生物多様性が損なわれたり、氷床消失等による不可逆的な変化が起こったりすることもあり得る。

気候変動に関する政府間パネル（ＩＰＣＣ）によれば、世界の気候が温暖化していることは間違いなく、人間活動がその支配的原因である可能性が極めて高いとされている。また、現行を上回る地球温暖化対策をとらなかった場合、今世紀末までに世界の平均気温が最大４．８℃上昇する可能性があると予測されている。地球温暖化は私たちの目の前にある危機であり、早急に地球規模で対策を講じていく必要がある。そのような認識のもと、２０１５年１２月のＣＯＰ２１（国連気候変動枠組条約第２１回締約国会議）で採択されたパリ協定は、先進国・途上国という従来の二分論を超えて、歴史上初めて全ての国が参加する温室効果ガス排出削減等のための枠組みである。

長期目標として2℃目標の設定（1.5℃に抑える努力を追求)、温室効果ガスの削減目標の５年ごとの提出・更新、適応計画プロセスや行動の実施等を内容とするパリ協定の採択によって、地球温暖化対策は国際的に新しいステージに入り、これに呼応して、わが国の国内の地球温暖化対策も新しいステージに入ることとなった。

（2）国内の動向

わが国は、ＣＯＰ２１に先立つ２０１５年７月に、わが国の温室効果ガス排出量の中期削減目標について、温室効果ガス排出量を２０３０年度に２０１３年度比で２６.０％（２００５年度比で２５.４％）削減するとの目標を柱とする「日本の約束草案」を国連に提出した。

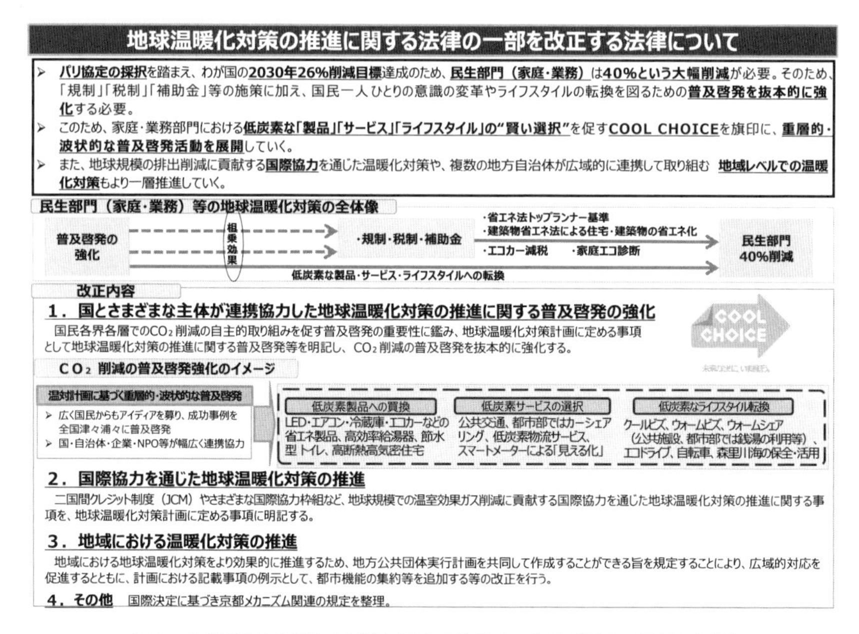

図１　「地球温暖化対策の推進に関する法律の一部を改正する法律」概要

今後、パリ協定と約束草案を踏まえて２０１６年5月に閣議決定した地球温暖化対策計画に基づき、２０３０年度目標の実現に向けて、また、２０５０年までに８０％削減を目指すという長期目標の実現に向けて、着実に取り組みを進めることとなる。

また、２０１６年5月２０日に成立した「地球温暖化対策の推進に関する法律の一部を改正する法律（平成２８年法律第５０号）（以下「改正法」という。）」は、民生部門での4割削減を実現するための国民運動の強化、国際協力の強化、地域における地球温暖化対策の促進を柱とする内容となっており、温室効果ガスの排出削減目標の達成に向けて、これらの施策を強化する基盤となっていくものである。

低炭素社会実現に向けたわが国の取り組み ～COOL CHOICEの展開～

（1）民生部門における削減に向けて

２０３０年２６％削減の達成に向けて、特に家庭・業務部門においては4割という大幅削減が必要である。そのためには、規制、税制、補助金といった施策に加え、国民一人ひとりの意識変革やライフスタイルの転換を図るための普及啓発を抜本的に強化する必要がある。

（2）新たな国民運動「COOL CHOICE」

第２９回地球温暖化対策推進本部（２０１５年6月２日開催）において、２０３０年２６％削減の達成に向けて、政府だけでなく事業者や国民が一致団結して「COOL CHOICE」を旗印に国民運動を展開すると発表された。

「COOL CHOICE（クールチョイス）」とは、２０３０年度の温室効

図2 「COOL CHOICE」ロゴ

果ガスの排出量を２０１３年度比で２６％削減するという目標達成のために、日本が世界に誇る省エネ・低炭素型の製品・サービス・行動など、温暖化対策に資するあらゆる「賢い選択」を促す国民運動である。例えば、エコカーを買う、エコ住宅を建てる、エコ家電にするという「選択」や、高効率な照明に替える、公共交通機関を利用するという「選択」、クールビズをはじめ、低炭素なアクションを実践するというライフスタイルの「選択」などが挙げられる。

政府では、国民に地球温暖化防止に資する「賢い選択」を積極的に行ってもらうため、統一ロゴマークを設定し、政府・産業界・労働界・自治体・ＮＰＯ等が連携して、広く国民に呼びかけている。

（3）法改正を踏まえた「COOL CHOICE」の強化

家庭・業務部門における４割という大幅削減に向け、改正法において、国の責務規定および地球温暖化対策計画の記載事項に、排出削減に関する普及啓発等を明記（法定）し、国民運動を抜本強化することとした。

まず、地球温暖化の影響が既に現れており、手をこまねいていると危機的状況になること、そして、その解決のために、一人ひとりが家庭や地域、オフィスでCO_2排出の少ない製品・サービス・ライフスタイルを選択することが鍵になることを、さらに分かりやすい形で国民の皆さまにお伝えし、国民一人ひとりの取り組み強化の機運を醸成していこうとしている。

また、今回の法改正も踏まえ、普及啓発・国民運動の具体的な取り組みも進められようとしている。２０１６年５月には、環境大臣がチーム長となり、経済界などをメンバーとして効果的な普及啓発を行うため「COOL CHOICE 推進チーム」（以下「推進チーム」という。）が設置された。同年６月２０日には第１回推進チームが開催され、幅広い立場のチーム員の方々から、普及啓発を抜本的に強化するための基本的な方針

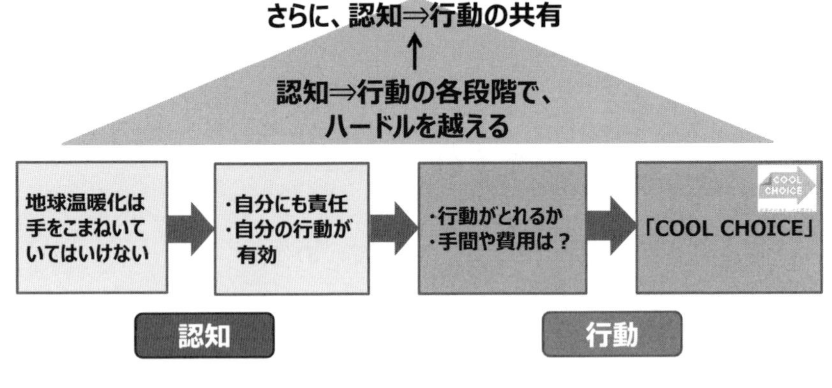

図３（第１回 COOL CHOICE 推進チーム資料抜粋）

写真１　第１回 COOL CHOICE 推進チームの様子

や戦略について、ご助言をいただいた。例えば、地球温暖化について自分事として考えてもらうためには、「おもしろく」、「カッコよく」伝えるコンテンツづくりが重要であるというご意見や、経営トップの意識を変えて従業員にも広げていくことが必要であるというご提案を頂戴した。

今後は、推進チームを軸として、関係省庁が一丸となり、経済界やメディア、自治体、ＮＰＯ等とも十分に連携し、具体的なメニューやメリットなど的確な情報を、全国津々浦々に提供していく。

（４）COOL CHOICE 推進チーム作業グループ

このほか、推進チームの下に「省エネ家電」、「ライフスタイル」、「住宅の省エネ化」、「低炭素物流」、「エコカー」の五つの作業グループを設置し、機動的に活動することとしている。

例えば「ライフスタイル」の作業グループでは、「シェアリングエコノミー」を議題にする。シェアリングエコノミーは、わが国に散在する遊休資産やスキル等の有効活用を進めるとともに、潜在需要を喚起し、イノベーションと新ビジネスの創出に貢献する可能性を有しているとされている。環境分野との関係では、「再利用できない素材やエネルギー源を再生可能な素材等に転換すること」、「遊休資産の活用」、「まだ使えるのに捨てられている製品、部品、素材、燃料などを大事に使うこと」などをテクノロジーなどの力を駆使して収益に変えていく取り組みが進められているほか、人々の交流を増やし生活の質を高めながら環境負荷を下げていく「低炭素で質の高いシェアリングコミュニティ」を実現させていく可能性のある取り組みが各地で実施されている。作業グループでは、これらの取り組みについて、今後どのように普及展開していくのか具体的に検討していく。

また、その他の作業グループにおいても、それぞれのテーマに関する普及啓発を展開していくための方策を議論し、具体化していくこととしている。

おわりに

パリ協定の採択（２０１５年１２月）を受け、２０１６年はその実施に向けて、世界が新たなスタートを切る年である。将来世代が健やかで豊かな生活を営むことができるよう、わが国としても低炭素社会の実現に向けた取り組みを一層進めていく。中でも国民の皆さまの意識の変革やライフスタイルの転換をお願いすることは、２０３０年度２６％削減に加え、２０５０年までに８０％削減という長期目標の達成に向けても必要不可欠である。

「ＣＯＯＬ ＣＨＯＩＣＥ」を旗印とした国民運動を一段と強化し、国民の皆さまの意識の変革やライフスタイルの転換を促していく。

第3章 首長に聞く

東日本における エネルギー供給県を目指して

=港湾を積極的に活用。再生可能エネルギーと 火力・水力を組み合わせ安定供給の実現へ=

未来の世代に向け、わが国がより強靭な国土を造りあげるためには何が求められるのか――。今回の「スーパースマートインフラ革命」では、地方自治体を代表して、秋田県・佐竹敬久知事に同県が進めるエネルギー戦略について話を聞いた。

同県では、秋田港・能代港など港湾を積極的に活用。再生可能エネルギーと火力・水力を組み合わせ、電力の安定供給のみならず、他の自治体への"輸出"を目指す、としている。同時に、高速道路など周辺インフラも併せて充実させる施策を積極的に進める方針だ。

佐竹（さたけ）　敬久（のりひさ）
秋田県知事

◇◇

1947年生まれ、秋田県出身。1971年東北大学工学部卒業後、1972年秋田県入庁。工業振興課長、地方課長、総務部次長、2001年秋田市長、2007年全国市長会会長、2009年4月より現職。現在2期目。

◇◇

――― 貴県では､｢東日本におけるエネルギー供給県を目指して｣というテーマを掲げておられますが､その意味についてご説明いただけますか｡

佐竹　本県の歴史をひもとけば、明治初期に石油や天然ガスを産出するエネルギー供給県でした。国の工業化に伴い、エネルギーを大量消費する必要が生じ、わが国のエネルギー政策は国内の石油や石炭では賄いきれず、海外の化石燃料あるいは原子力発電に依存していったわけですが、同時にエネルギーそのものが国のアキレス腱になったことは間違いありません。

現在でも本県では、原油は国内生産量の約２０％を、天然ガスも国内生産量の約１．３％を産出しています。電気関係を見ると、東北電力による火力、水力など旧来の発電源による発電量が年間当たり約１４４億kW/h（キロワット／時）になり、このうち約７７億kW/hを県内で消費し、あとの半分は県外に“輸出”している状況です。さらに、技術の進歩とともに再生可能エネルギーが伸びてきています。そこで、特に再生可能エネルギーを最大限伸ばすことによって、国のエネルギー戦略に貢献していくという自負を持って、こうしたテーマを掲げたわけです。

――― 再生可能エネルギー発電については、「秋田県新エネルギー産業戦略」を策定され、県を挙げて取り組んでいると聞きました。

佐竹　同戦略は２０１１年に策定され、２０１６年第２期の戦略を改定したところです。調査の結果、特に風力についてはかなりの可能性があるとの結果が出ています。最近の実績では、出力総計２８万kWで全国3位ですが、実は、毎月、発電所が運転開始しているような勢いで増え続けている状況です。

――― 洋上風力も非常に有望だそうですね。

佐竹　秋田の海は遠浅で、岩礁海岸ではありませんので沖合洋上まで見通せます。既に事業計画がスタートしており、沖合洋上風力発電のための基礎調査も盛んに行われています。こうした再生可能エネルギーに

	風力	地熱	太陽光	水力	バイオマス
県内導入量（kW）	28万0,990	8万8,300	11万3,566	30万1,622	8万5,800
全国導入量（kW）	312万	52万	3,223万	2,791万	254万
全国に対する県内導入量の割合	9.0%	17.0%	0.4%	1.1%	3.4%
全国における秋田県の順位	**3位**	**3位**	47位	16位	—

※風力及び太陽光は、平成２８年３月末現在。その他の電源は、平成２７年３月現在。

秋田県の再生可能エネルギー導入状況

風力発電
くろしお風力発電株式会社
秋田国見山第一発電所
（秋田市）

地熱発電
地熱井の掘削

よる発電量が増えれば、メンテナンスを含め、保守部品などを地元調達できる道が広がりますし、あらゆる産業振興に結び付けられるメリットがあります。従って、メンテナンス技術者養成やレベルアップといった人づくりにまで視野を広げて実践しているわけです。

――― なるほど。産業振興も見据えているというわけですね。

佐竹　風力のみならず、地熱発電にも力を入れ、日本で３番目に古い大沼地熱を含めて、３カ所で８．８万kWを発電しています。現在、湯沢市に４．２万 kW を発電する国内最大級の地熱発電所を建設中で、これが完成しますと、総計１３万 kW の出力が見込まれます。また、本県は森林県ですからその特長を生かし、森林の残材を活用してバイオマス発電も盛んです。最近、秋田市に２万 kW を発電する国内最大級のバイオマス発電所が稼働を開始しました。バイオマス発電は、このほか小さなものまで含めると計１０万 kW くらいの出力になります。風力や地熱、バイオマスなど自然エネルギーのバックグラウンドは人工的にはつくれません。まさに地の利を生かした総合戦略と位置付けています。

港湾をエネルギーインフラ供給基地として積極的に活用

――― ある試算によると、貴県の再生可能エネルギー発電事業が全てうまくいけば２０２５年ごろには、県内消費の７割以上の電力を再生可能エネルギーで賄えるそうですね。

佐竹　現段階では、安定化電源、例えば火力、水力など既存のエネルギー源と組み合わせて、安定的に使うことになるでしょう。供給面においても、安定した電力を送るという視点が送電ロスを防ぐ上でも非常に重要になると考えています。

例えば、本県は、秋田港と能代港という重要港湾を持っていますが、両港の港湾区域には、秋田港の洋上で６．５万 kW、能代港で８万 kW とかなりの量の洋上風力発電の建設計画が進められています。さらに秋田港では、現在稼働している東北電力の石油系火力発電所以外に最大１２０万 kW の石炭火力の計画があります。能代港でも石炭火力の増設がスタートし、現状の１２０万 kW にプラス６０万 kW が見込まれています。

――― なるほど。再生可能エネルギーと安定電力を効果的に結びつけて、戦略的に供給するというわけですね。秋田港の石炭火力発電所については、関西電力と丸紅が２０年代前半の稼働を目指し、電力は全て首

都圏で販売すると聞いています。

佐竹　この発電所を通じて、関西電力が電力自由化で最大市場の首都圏に本格進出すると話題になっています。本県としても、建設や運営で雇用創出効果が見込めるメリットがあります。こうした民間サイドの動きは積極的に支援していきます。

――― それにしても貴県ではかなり港湾地域を積極的に活用されているように見受けます。

佐竹　本県の港湾は非常に使い勝手が良く、秋田・能代両港とも、すぐそばに機械金属系の製造業の集積が非常に進んでいて、構造物の建設やメンテナンスにもすぐに取りかかれるメリットがあります。目と鼻の先に技術集団がたくさんいるわけですね。港湾区域内をエネルギー供給基地として構築し、これが完成した後には沖合の洋上へと拡大していきたいと考えています。

――― ということは港湾をエネルギーインフラ基地として機能させていくわけですね。

佐竹　ご指摘の通りです。課題を挙げると、日本海の主要港、例えば、青森・能代・船川・秋田・酒田・新潟・直江津各港などが高速道路とリンクしていないため、物流面で非常に非効率なのです。つまり、高速道路が全部ぶつ切りなんですね。特に県境部分がつながっていないので、むしろ東京から行った方が近いケースもあるくらいです。風力関係のメンテナンス業者に聞くと、青森から新潟、富山まで、日本海全部の地域に拠点を置くのは非常に非効率なのだそうです。例えば、秋田に拠点を置いて、すぐに各地に飛んで行ける体制が組めないか、とのニーズがあります。風力については、本県に限らず、青森・新潟・山形沖などで計画があると聞いていますが、こうした計画が実現されても高速道路ネットワークが完備されていないと、メンテナンスが非常に面倒な事態になりかねません。日本海側が、わが国の洋上風力の基地として機能するためには、物流拠点の港湾と高速道路網の整備を一体にして進めていく必要があると思います。

――― 系統の接続については、いかがお考えですか。

佐竹　残念ながら、系統の接続についても日本海側は弱いと言えます。わが国の基幹送電線は、原子力発電所を結ぶように構築されています。従って、日本海側は、新潟県の柏崎から東京を結ぶような構成になっています。もちろん秋田にはなく、太平洋側の岩手県にもありません。ただ、国のエネルギー政策の中で、地域内の再生可能エネルギーの接続に対する送電線の整備の補助事業については、本県も対象になっていますのでそこから先のインフラ構築がポイントになってくると見ています。

観光振興面からも、港湾と高速道路網とのリンクが重要に

――― ところで、港湾というと最近ではインバウンド観光でクルーズが脚光を浴びていますが、貴県での状況はいかがですか。

佐竹　おかげさまで、本県でもクルーズ観光はどんどん増えている状況です。太平洋側よりも日本海側の方がクルーズは好調なんですよ。江戸時代の北前船の寄港地というのは、日本の海運のルーツとも言えますから、私たちも力を入れて対応しようと積極的にセールスも展開しています。クルーズは、地元に宿泊需要はありませんが、買い物がすごいんですね。

――― そうみたいですね。

佐竹　飛行機での移動よりも船室でゆっくり休めるし、お土産を買っても船室に置いておけるから買いやすいんですね。ただ、クルーズの場合は意外と、降りてからの時間が制約される事情があります。例えば、朝到着して、夜１０時に出港とスケジュールが決まっているんですよ。高速道路が完備されていれば、ある程度移動の時間設定が可能ですが、一般道では時間設定が難しいわけです。仮に、港と港を連結する高速手

段があれば、旅行商品のコース設定に広がりができますよね。

――― 例えばクルーズ船を利用して、秋田港で降りて、バスに乗車。奥入瀬を見て再び青森港で乗船するなどのコース設定ですね。

佐竹　そうです。しかし先述の通り、日本海の沿岸を結ぶ高速道路網は主要港とリンクされていないため、日本海周遊旅行の広がりがなかなか出せていません。東北の中でも、インバウンドで本県と山形県が非常に苦労しているのはこうした事情も大きい。しかし、観光に関しては私たちももっと努力する必要があります。本当のクルーズ港は、客船用と貨物船用のターミナルは別になっています。例えば、中国・天津港では２万人以上をさばけるクルーズ専用のターミナルがありますけど、日本には客船専用ターミナルがそんなに多くはありません。

――― 安倍首相も、新たな経済対策の一つにクルーズ船受け入れの港湾整備を掲げ、客船ターミナルを整備していく方針です。

佐竹　やはり、お客さまをお迎えするのに、すぐ横に廃材や錆びた鋼材があるというのは、いかがなものか、と思いますよ。現状、スペースの問題もありますから、すぐに天津並みのターミナルを造るわけにはいかないけれど、やはりお客様をお迎えするのに港を整備していかねばならないでしょう。さらに秋田新幹線や現状の高速道路網と組み合わせて、お客様に満足していただけるようなコース設定を作り込んでいく必要があります。

水素活用にも積極的に対応。
ローカルコミュニティ単位の水素供給システム実現を目指す

――― 佐竹知事のお話を伺って、風力をはじめ、再生可能エネルギーについては全県を挙げて推進しておられる印象ですが、水素活用についてはどのように対応されていますか。

佐竹　エネルギー供給県を目指す本県としては、水素など新技術の研

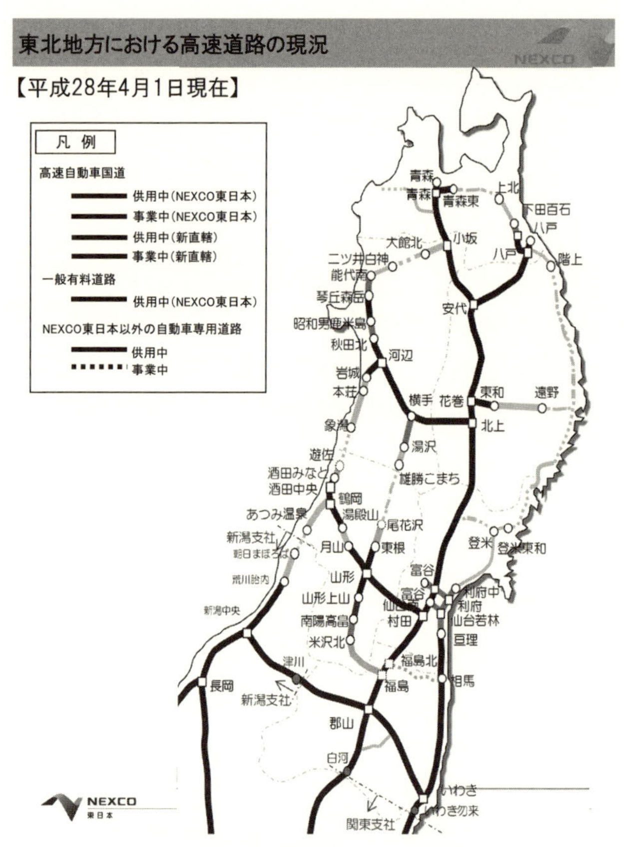

東北地域の高速道路ネットワーク図

東北地域にはいまだ未事業化の区間も残されている。東日本大震災の教訓からも災害時におけるリダンダンシー（代替性）の確保と平時における観光需要を高める意味でも高速道路ネットワークの形成が求められよう。　（提供：東日本高速道路株式会社）

究開発についても国のプロジェクト誘致を進めたり、最先端の大手企業と協定を結ぶなど積極的に対応しています。特に水素を作る過程で、再生可能エネルギーを利活用する方法を構築したいと考えているところです。水に関しては、無尽蔵にありますから、例えば、山の中の集落であまり大きくない風車を回して、水素を作り生産貯蔵がコントロールでき

【運転に伴う効果】
・平成37年度末の総導入量（約162万ｋＷ）が達成され、
発電所の保守管理への県内企業の最大限の参入が図られた場合を想定。
・10年間の合計で、1522億円の経済波及効果及び1万4500人の雇用創出効果を目指す。

経済波及効果（億円）

	平成28～32年度	平成33～37年度	合計
風力	43	231	274
地熱	181	225	406
太陽光	90	105	195
水力	74	76	150
バイオマス	241	256	497
合計	629	893	1,522

雇用創出効果（人）

	平成28～32年度	平成33～37年度	合計
風力	400	2,400	2,800
地熱	2,100	2,600	4,700
太陽光	900	1,000	1,900
水力	800	800	1,600
バイオマス	1,700	1,800	3,500
合計	5,900	8,600	14,500

関連産業による県内への経済効果

れば完結型のエネルギー供給の道筋が見えてきます。ローカルコミュニティ単位の水素供給システムなどをつくることによって、地方の生活の利便性が上がっていくというのを実証していきたいですね。

――― 人口減少社会の中で、地方の新しいモデルができそうです。

佐竹　周辺技術開発も進むでしょうし、産業が興る可能性があります。ただし、送電網などのインフラが必要になってきます。送電網そのものは、情報通信の役割も担いますから、人口減少社会において地方が一定のコミュニティを保つための有効なインフラとして機能するでしょう。従って、水素へのエネルギーへの転換、置換を国家プロジェクトとして掲げ、送電網インフラの構築を進めていくべきです。今の日本にはこれくらい長期で夢のあるビジョンが求められていると思います。

――― ありがとうございました。

第4章

公的機関の取り組み

ＮＥＤＯにおける
２大エネルギーインフラへの取り組み

◆国立研究開発法人新エネルギー・産業技術総合開発機構

◆国立研究開発法人新エネルギー・産業技術総合開発機構

NEDOにおける２大エネルギーインフラへの取り組み

はじめに

国立研究開発法人新エネルギー・産業技術総合開発機構（ＮＥＤＯ）の重要な役割の一つとしてエネルギー分野における技術革新を担うことが挙げられる。エネルギーシステムにおけるここ最近の改革（イノベーション）にスポットを当てて、電力分野の変革と最近のスマートコミュニティについての話題を紹介しながら、ＮＥＤＯの国際実証について述べる。また､最後には水素に関する技術開発の動向についてもまとめる。

スマートコミュニティの最近の動き

米国におけるスマートグリッドの動きは、２００９年に誕生したオバマ大統領がグリーンニューディールとスマートグリッドという政策を打ち出して始まっている。この政策は、スマートメーターとその通信インフラであるＡＭＩ（Advanced Metering Infrastructure）の整備を、主に景気対策として進めたものである。当初は、その主な投資先は配電事業を持つ電力会社が中心であった。しかし、２０１２年にハリケーン・サンディ（Hurricane Sandy）が東部を襲い、ニューヨークがマヒ状態になるなどの被害を経験し、より強い系統への変革を志向し始めた。一方、２０１０年代半ばには、カリフォルニア州やハワイ州などで、太陽光発電の普及が急激に進み始めて電力会社の経営を圧迫する現象が起こり始めた。これにより、大規模発電所から送電線を経て電力を送る従来の電力会社のビジネスモデルの行き詰まりが認識され始め、太陽光のような再生可能エネルギーを含む分散電源やデマンド・レスポンスなどが主体の電力供給システム、インテグレーテッド・グリッドの概念をＥＰＲＩ（米国電力研究所）が提唱するなどの状況に変わった。また、東部では、ワシントンＤＣやマンハッタンなどのエリアでの電力供給を強固にするため、グリッド構成を分散電源の利用による多重のマイクログリッドとする構想などが動き始めている。これが２０１５年末までの米国の新たな状況である。

一方、欧州（ＥＵ）では、２００７年にＥＵ首脳会議でロードマップとして示された、いわゆる２０－２０－２０のＥＵ指令と言われるものが現在のスマートシティの取り組みの原点である。この指令は２０２０年までに２０％の省エネと、２０％の再生可能エネルギーの導入を目指して出されたものである。２００９年には、このＥＵ指令を上回る目標設定を達成するための欧州市長誓約（Covenant of Mayors）が、４００もの都市が参加して出された。これが、その後の欧州におけるスマートシティの活動の原点である。しかし、各自治体が具体的に行動を起こすには電力を中心とするエネルギー産業の協力が必要で、基本的に自治体が地域をフランチャイズとする配電会社と組み、需要家側の省エネルギーや再生可能エネルギーの親和性を高める需要制御の実証が主流となっている。その一方で、すでに電力については１９９７年、２００３年の２度のＥＵ指令を通して、主要国は２００７年までに発送電分離、完全自由化が完成している状況の中、このような再生可能エネルギーを取り込んだエネルギーマネジメントを促す政策との調和が必要となっている。このため、再生可能エネルギーの導入比率が高まるにつれて運用が困難になってきている電力業界の状況を反映しながら、自由化市場の見直しや、広く分散するリソースの集約、電力会社と需要家のエネルギーマネジメントの連携を模索する新しい電力事業形態ＤＳＯ（配電系統運用者：Distribution Network Operator）の重要性が議論に上ってきている。ＤＳＯは自由化の中で一旦分離した配電設備事業者と小売り事業者の両方の性格を兼ねている事業者で、配電設備の混雑管理をしながら、つながっている需要家などの運用などにも積極的に関与する事業形態である（**図1**）。

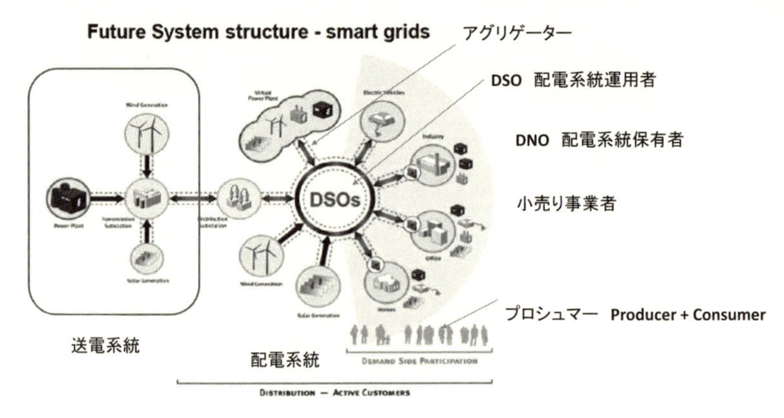

図1　ＤＳＯ配電系統運用者の役割（出典　ＥＮＴＳＯ－Ｅドキュメント）

ＮＥＤＯスマートコミュニティ国際実証の位置付け

ここからは、ＮＥＤＯのスマートコミュニティの位置付けを前章と関連付けて説明する。まずは、分散型リソースの集約と配電会社のＤＳＯ化の視点に貢献する実証を説明する。分散型リソースとは、電力系統の末端に存在する発電設備、電力貯蔵、デマンドレスポンスが可能な需要などを指す。今後の電力システムは、集中大規模電源から送電、配電を通して一方向に電力が流れるシステムから脱却して、このような分散型リソースを有効活用するという方向性がＥＰＲＩやＩＥＥＥ（米国電気電子学会）で示されている。ＮＥＤＯのニューメキシコ実証（２０１０～１５年）はこれらの米国の活動において、そのユースケースが参照されている先進的なスマートグリッド実証であった。ニューメキシコでの実証では、ロスアラモスとアルバカーキの２カ所で実証が行われているが、いずれも配電系統と家庭、あるいは業務用ビルという二重のマイクログリッドを構成し、ＩＥＥＥのマイクログリッドの標準化活動のお手本となっている（**図２**）。特に、配電フィーダーレベルに設置したμＥＭＳと呼ばれるエネルギーマネジメント機能の追加は、単なる配電系統をＤＳＯ化する手段を示している。特に、ＨＥＭＳ、ＢＥＭＳの単体だけでなく、電力会社サイドのμＥＭＳと通信をして、電力会社の要請に対して蓄電要素や分散電源を最適運用するリソースアグリゲーションの基本的機能を２０１０年代前半の段階で実証しているのは、最近のＩｏＴブームに先駆けた実証となっている。

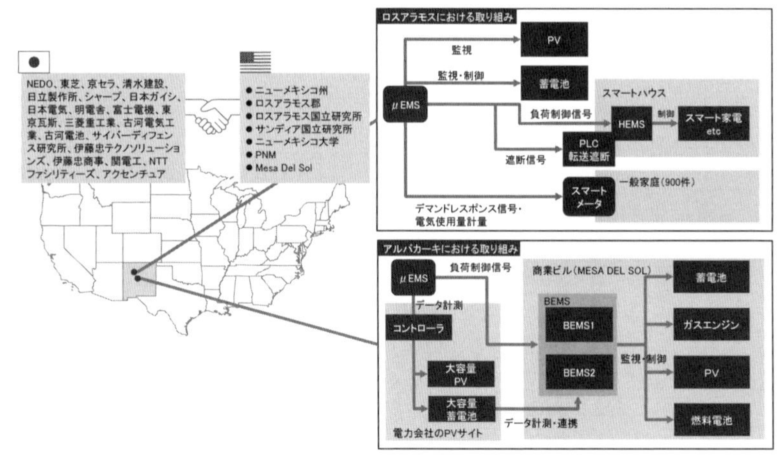

図２　ニューメキシコ実証の構成

ニューメキシコ実証以降、ＮＥＤＯは次ページ**図３**にあるようなさまざまな国際実証を行っている。これらの実証の多くは、システム的な、あるいはビジネス的な新しい発想を実証している。すでに終了したニューメキシコ、マラガ実証を含めて現在１２の実証が行われている。その多くが、従来の電力供給モデルに無い、再生可能エネルギーや電気自動車、電力貯蔵要素の利活用が相当する、いわゆるリソースアグリゲーションの事業となっている。

例えば、イギリスのマンチェスターやドイツのシュパイヤーで行っている実証は、住宅の電力貯蔵要素の実証となっている。前者はヒートポンプ温水器を、後者は住宅用の蓄電池とヒートポンプの組み合わせを用いている。マンチェスターでは今後イギリスで増加する風力発電の対策として、シュパイヤーでは南ドイツで急速に増えている太陽光発電の対策として色分けされており、マンチェスターではバランシングのために風力の出力変動に合わせた需要の入り切りを行うのに対して、シュパイヤーでは屋根置きＰＶの逆潮流を抑える自己消費率拡大を目指す運用となり、それぞれの事情に合わせたシステムが導入されている。

マウイ（米国ハワイ州）、リヨン（フランス）、マラガ（スペイン）、北カリフォルニア(米国カリフォルニア州)においては電気自動車(ＥＶ)を用いた実証を行っている。いずれも、充電タイミングを所要の目的で制御するデマンド･レスポンスの要素を取り込んでいる。特に、マラガ、北カリフォルニアの実証ではコネクテッドカーの技術を取り込んだ運転手誘導の実証を都市内充電インフラ（マラガ）および都市間充電インフラ（北カリフォルニア）電気自動車の利用実態に合ったさまざまな知見が得られつつある。国内のＶＰＰ（ヴァーチャル・パワー・プラント）

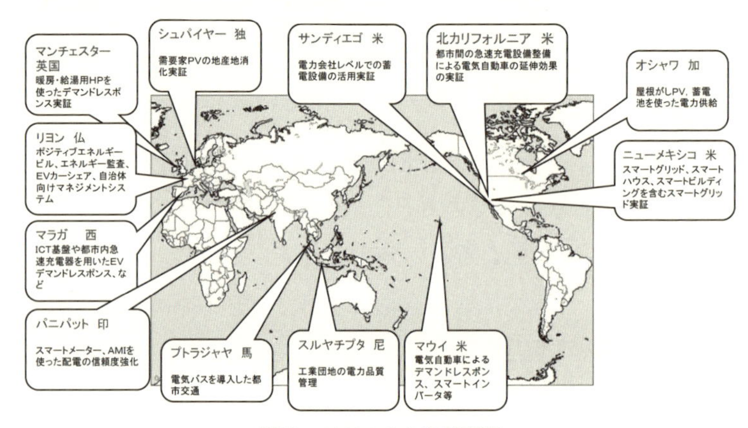

図３．ＮＥＤＯの海外実証

でも、電気自動車の応用は注目されているが、これら海外のＮＥＤＯ実証に匹敵する走行データの分析結果は国内ではまだあまり公表されていないので、ＮＥＤＯ実証は貴重な情報を提供できると考えている。

電力貯蔵要素としては蓄電池が挙げられる。ニューメキシコ実証では、配電系統レベルの電力貯蔵としてMW規模のＮＡＳ電池、鉛蓄電池と、住宅用２５ｋＷｈ規模のリチウムイオン電池が実証に使われている。系統利用の電池についてはサンディエゴでのレドックスフロー電池の実証に受け継がれているが、家庭用電池はドイツ・シュパイヤーやカナダ・オシャワの実証でも継承されている。オシャワの実証では、蓄電池を持つ太陽光発電の実証となっているが、このシステムを所有するのは各家庭ではない。電力会社が、家庭の屋根を借りて電力供給するモデルである。寒冷地で配電設備を設置しにくいエリアに向けた一つの供給形態を実証している。一方で、このような分散電源のクラスターが次世代の電気事業の供給力の核になるという説が国内外の電気事業者に認識され始めている。これは、従来の大型電源からの電力供給をメインフレームの計算機サービスとしたら、このような分散電源主体の電力供給形態はクラウドサービスに比して説明できる。このような新しいトレンドを追えるのも海外実証の醍醐味である。スマートコミュニティに関しては、これまで経済産業省において国内実証を実施するとともに、現在もＶＰＰ実証などの取り組みがなされているところである。このような流れは今後とも続き、電力自由化の過渡期を過ぎた後にあっても、再エネ対策を含めたさらなるエネルギー供給システムの高度化が必要になると考えられる。その際には、海外実証の知見のフィードバックが大いに有益であろうと考えられる。

将来に向けた取り組み（水素の利活用）

将来のエネルギーシステムとして、再生可能エネルギーからの電力を水素に転換し、利活用するPower to Gasの検討が国内外で進められている。再生可能エネルギーは気象条件によって発電量が大きく変動するが、この変動を水素に転換することで吸収するとともに、電力のみならず熱や運輸用のエネルギーとして利用することで、再生可能エネルギーが有するポテンシャルの最大化を狙うもので、今後、再生可能エネルギーの導入が拡大していく中で、系統連系等の問題への対応策の有望な手段の一つになり得ると期待される。

また、経済産業省「水素・燃料電池戦略ロードマップ」では、２０４０年頃に、安価で安定的に、かつ低環境負荷で水素を製造する技術を確立し、トータルでCO_2フリーな水素供給システムを目指すこととしており、このための方法として再生可能エネルギーを活用した水素製造が示されている。

現在、再生可能エネルギーの導入が進むドイツでは積極的にPower to Gasの実証研究が進められている。２０１５年時点で、１７カ所において実証研究が進行し、３カ所が建設中または計画中となっている。ドイツでは再生可能エネルギーからの電力が３０％超であることに加え、天然ガスパイプライン網が整備されていることから、余剰電力を活用して製造した水素については、燃料電池自動車への供給、水素をCO_2と反応させメタンとして天然ガスパイプラインで供給するなどといった多様な利用方法が実証研究で取り組まれている。

Power to Gasの課題はさまざまであるが、その一つが水電解による水素製造技術である。再生可能エネルギーの出力変動に対応可能な、大規模かつ高耐久の水電解水素製造技術について、ＮＥＤＯではアルカリ型水電解、固体高分子型水電解、固体酸化物型水電解など複数の技術開発に取り組んでいる。

また、Power to Gasは電気を異なる二次エネルギーである水素に転換し、利用時に電気等に再転換するため、基本的にはエネルギーロスが大きく単純な総合エネルギー効率が低いという課題がある。このため、経済性も含めて効率的なエネルギーシステムとなるような検討が必要であり、ＮＥＤＯにおいては、再生可能エネルギー供給や需要予測、これらを踏まえた効果的な水電解の稼働といった運用面における技術開発も含めた実証事業に着手した。

Power to Gasについて、特にわが国においては短期的に経済的な自立化は困難であるが、将来を見通し、現時点から水電解といった要素技術の高度化や、システムとしての運用ノウハウの蓄積を戦略的に進めるべきである。

まとめ

スマートコミュニティと水素、二つの大きなエネルギーインフラに関するＮＥＤＯの取り組みを紹介した。両者を比べると、スマートコミュニティについては電力を中心とする、すでにいったん確立したエネルギー供給インフラを制御・運用の側面から構築する事業であり、導入技術のソフト化、ＩＣＴ化が重要なポイントになる。これは最近はＩｏＴという言葉でくくられ始めているが、技術のソフト化と規制との関連性があるなどの特徴のもと、ロードマップの作成が非常に難しくなっている。しかし、進化はたゆまなく進むとされ、いまだロードマップが見えない２０２０年以降についても、その時点になればその時点のビジネス環境に適合するための新たな課題が見えてくるものと思われる。この分野で必要なのはビジネスのビジョンである。

一方、水素については、現状存在しないエネルギー供給インフラであり、まだ技術開発の段階である。それ故に開発すべき課題があり、２０３０年以降を目指したロードマップもすでに存在している。そういう意味では、水素に関しては今後もＮＥＤＯの役割として着実な技術開発の牽引が重要と考える。

第5章 有識者に聞く

わが国新幹線システムの導入メリットを世界に発信

＝52年の実績をもとに、安全性と将来の進化をアピールする＝

宿利（しゅくり）　正史（まさふみ）

一般社団法人国際高速鉄道協会理事長

◇◇

１９５１年生まれ、大分県出身。東京大学法学部卒業後、１９７４（昭和４９）年運輸省入省。１９８１年大臣官房環境課海洋汚染対策室長、１９８３年在インドネシア日本国大使館一等書記官、１９８６年運輸省大臣官房文書課補佐官（法規）、１９８９年６月運輸大臣秘書官、８月地域交通局総務課補佐官（総括）、１９９０年中部運輸局企画部長、１９９１年内閣法制局参事官、１９９５年鉄道局業務課長、１９９７年運輸政策局地域計画課長、１９９９年海上技術安全局総務課長、２０００年大臣官房人事課長、２００１年国土交通省大臣官房審議官（航空局担当）、２００２年航空局監理部長、２００３年航空局次長、２００４年大臣官房総括審議官、２００５年自動車交通局長、２００６年総合政策局長、２００７年大臣官房長、２００８年国土交通審議官、２０１１年事務次官、２０１２年顧問、２０１３年より東京大学公共政策大学院客員教授、２０１４年より現職。

◇◇

――― インド初の高速鉄道計画ムンバイ・アーメダバード間（５０５キロメートル）が日本の新幹線方式を採用することが２０１５年末に決定しました。高速鉄道の輸出は、安倍内閣成長戦略の大きな柱として大きくクローズアップされていますね。

宿利　インドの成功事例のみならず、ここ数年日本の新幹線システムを海外に導入する動きは加速されています。きっかけはアメリカでオバマ大統領が就任して、高速鉄道導入の機運が高まったことが挙げられるでしょう。ご承知の通り、アメリカは自動車と航空が非常に発達し、旅客鉄道は高速鉄道もなく後塵を拝していた感は否めません。しかし、アメリカが本気で高速鉄道を導入するのであれば、日米の強い関係もあるし、やはり日本の新幹線システムを置いて他にないだろう、と。当時、私は国土交通省に在職しており、ＪＲや川崎重工業などの鉄道車両メーカー、総合商社の皆さんたちとアメリカに新幹線導入を働きかけておりましたが、この際日本側の民間関係者がまとまった団体が必要だということで、２０１０年に鉄道全般を対象として海外鉄道推進協議会が設立されました。

――― 同協議会がベースになり、国際高速鉄道協会（ＩＨＲＡ）が設立されたのですか。

宿利　そうではありません。その後、アメリカをはじめ、多くの国で高速鉄道導入の動きが加速され、日本側の取り組みを強化する必要性が高まりました。２０１４年に東海道新幹線５０周年という大きな節目の年を機に、これまで培ってきたわが国が誇る新幹線システムを国際標準として展開する体制を構築しようと、ＪＲ４社（ＪＲ東日本、ＪＲ東海、ＪＲ西日本、ＪＲ九州）が発起人となってＩＨＲＡが設立されました。

――― ＩＨＲＡは、新幹線輸出の推進役になるのですか。

宿利　いわゆる輸出とか売り込み活動は、日本政府、あるいはＪＩＣＡ、ＪＢＩＣ、民間各社、ＪＲや鉄道車両メーカー、商社などが

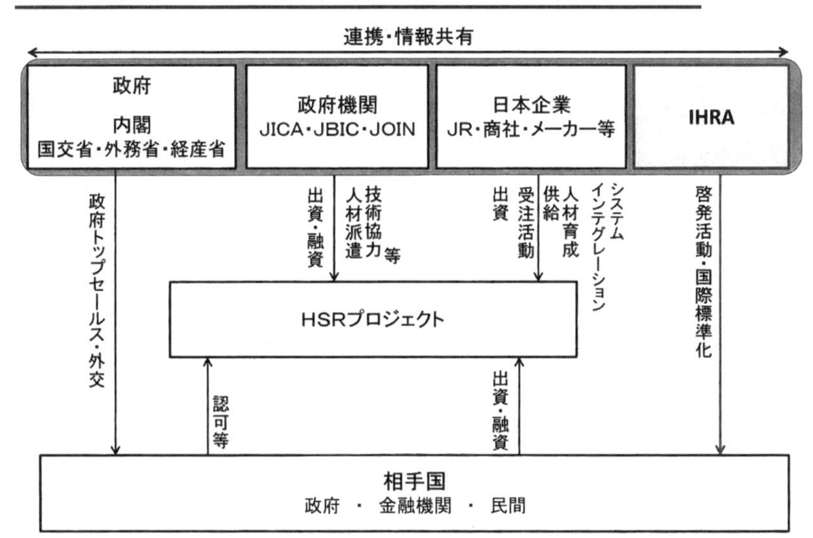

国際高速鉄道協会提供

行い、私たちは一線を引いてその部分には立ち入らない方針です。ＩＨＲＡ設立の目的は、新幹線をきちんとトータルのシステムとして理解してもらって、各国で国際標準として新幹線システムを導入してもらうことにあります。そのために、新幹線オペレーターであるＪＲ４社と、日本方式の高速鉄道の唯一の海外導入例である台湾がタッグを組んで、新幹線ブランドを海外に広く知ってもらう活動を、輸出、売り込みとは切り離して行っています。従って、私たちの活動は政府や民間ビジネスレベルでの交渉とは別に、新幹線システムに関する情報や知見、経験を総合的・客観的に理解していただくことが事業の大きな柱になります。

――― 新幹線輸出と言うと、「のぞみ」や「つばめ」、「はやぶさ」など実際に走っている車両を連想するのですが、あくまで新幹線システムとしての発信を目指しておられるわけですね。

宿利　新幹線システムをトータルシステムとして考える視点が重要で

す。実は、諸外国でも新幹線・高速鉄道と言うと、車両を連想される場合は非常に多いのです。東海道新幹線のこの車両とか、東北新幹線のあの車両とか、車両をまず思い浮かべて、ドイツのＩＣＥやフランスのＴＧＶ、中国の和諧号などと比べて、どれがいいのかを考えるわけですね。それぞれ、時速何キロぐらいで走れるかとか、コストはどうかなどの次元でしか考えられていない現実があります。そうなると、日本の新幹線の本当のすごさなんていうのは、全然理解されていないわけですね。

――― やはり海外でも単なる車両という次元でしか捉えられていないケースは多いのですね。

宿利　私の確信として申し上げますが、世界の高速鉄道において日本の新幹線ほど磨き上げられた、安全で信頼性の高いシステムはありません。システム全体をまずきちんと理解した上で正しい選択をしていただかなければ、日本円で１兆円を超えるお金と時間をかけて高速鉄道を導入してもコストに見合うだけの成果は得られないでしょう。日本では、完璧なシステムを導入して５２年間常に磨きをかけながら新幹線を走らせ続け、国民の生活にすっかり溶け込んでしまっています。本来であれば、世界の中で高速鉄道の標準モデルとして、日本の新幹線がもっと理解され評価されてもよいのに必ずしもそうなっていない点が、何とも残念なところであり、私たちＩＨＲＡの活動がスタートしたゆえんです。

世界の高速鉄道は、専用線利用の日本方式と在来線を活用した欧州方式の二つが潮流

――― では、改めて日本の新幹線システムについてご説明いただきたいのですが、他国の例も出てきましたので、世界の鉄道システムの位置付けの中でご説明願えますか。

宿利　世界の高速鉄道には、日本の新幹線方式とヨーロッパ方式と大きく二つのシステムがあります。日本の新幹線は、例えば東京駅から新

大阪駅に至るまで、在来線とは全く切り離して完全に専用線で造られています。全て立体交差で設計されていて、踏切などはありませんから道路と交わることもありません。従って新幹線の区間に、在来線の列車や貨物列車や、ましてや自動車などが物理的に入り込む事態はあり得ません。

――― 新幹線の運行に起因して乗客が死亡する事故は一度も発生していない、いわゆる「新幹線の安全神話」が、二階俊博自民党幹事長・村山滋川崎重工業会長・柏木孝夫東京工大特命教授による座談会（P１６３～）でも話題になりました。

宿利　新幹線には、ＡＴＣという自動列車制御装置が採用されています。これは、自動的に列車のスピードを監視して、計算をして、「このままのスピードで走行すると先行列車とどこかでぶつかるかもしれない」と予測したら、後の列車のスピードを自動的に抑えるシステムです。列車の速度を制御するシステムが開業当初から導入されていますので、仮に万一、運転士が眠ってしまったとしても列車同士が衝突するような事故は起きないんですね。従って、これまで５２年間の運行で、衝突事故はもちろん速度の出し過ぎによる脱線も一度もありませんし、結果として運行に伴って亡くなった乗客は一人もいません。

――― 新幹線自体も開業当初の１９６４年から、随分進化したと思いますが。

宿利　新幹線は、高速性と高い環境性能を両立させて進化し続けています。２０１６年３月にＪＲ北海道新幹線が開通したので、日本の新幹線は、先述の４社プラスＪＲ北海道で５社７路線になりました。だから、東海道新幹線というブランドもあれば、山陽、東北や北陸、九州、北海道もあります。路線は多様化されましたが、新幹線のシステムそのものは、東海道新幹線に採用されたものがベースとしてずっと継続されているのです。また、新幹線は、将来の高速化にも問題なく対応できるよう

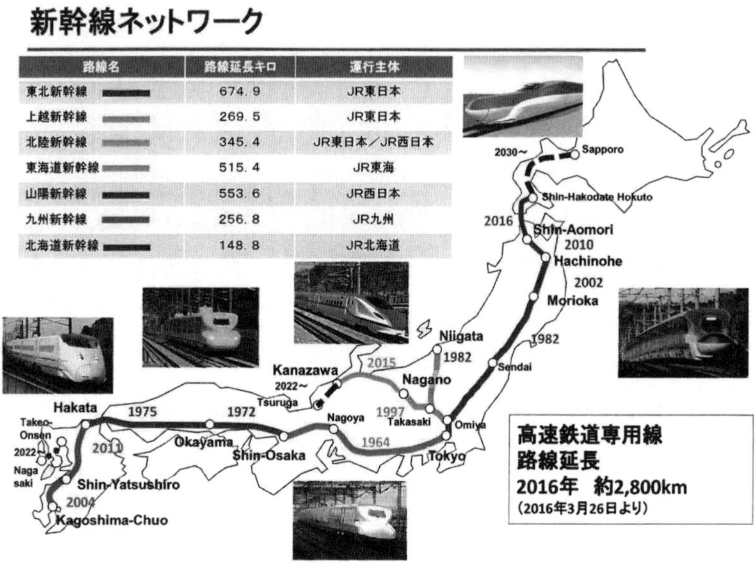

新幹線ネットワーク

路線名	路線延長キロ	運行主体
東北新幹線	674.9	JR東日本
上越新幹線	269.5	JR東日本
北陸新幹線	345.4	JR東日本／JR西日本
東海道新幹線	515.4	JR東海
山陽新幹線	553.6	JR西日本
九州新幹線	256.8	JR九州
北海道新幹線	148.8	JR北海道

高速鉄道専用線
路線延長
2016年　約2,800km
(2016年3月26日より)

国際高速鉄道協会提供

に、導入当時にわが国では例外的に、レールの間隔（軌間）が標準軌という１４３５ミリの軌道が採用されています。元来、わが国の在来線の軌間の多くは１０６７ミリの軌道（狭軌）が採用されていました。新幹線導入時の議論では、「東海道線を複々線化すればいい」とか、「新線を引くにしても、今までの狭軌で造ればいい」という議論が大勢だったようです。その方が「工期も早いし、コストも安い」というわけですね。しかし、当時の国鉄総裁の十河信二氏や技術責任者の島秀雄氏などがこうした意見をはねのけて、政治的には佐藤栄作氏などの支持を得ながら推し進めました。もし、あそこで単なる東海道線の複々線化をしていたら、今頃日本は高速鉄道後進国になっていたかもしれないですね。

――― 実際、この標準軌が採用されたことによりインフラ輸出が可能になったわけですしね。

宿利　欧州では、イギリスでジョージ・スチーブンソンが導入した１４３５ミリというのが基本で、フランス、ドイツ、イタリア、ベルギー、オランダなど欧州各国の在来線は、インターオペラビリティ（相互利用）が可能な標準軌が一般的な規格になっています。

――― 欧州で導入された高速鉄道と言うと、フランスのＴＧＶが一番最初ですか。

宿利　はい。新幹線から遅れること１７年、１９８１年に導入されました。それからその後１９８８年にイタリア、１９９１年にドイツのＩＣＥが導入されています。しかし、欧州の高速鉄道は既存の鉄道ネットワークを活用する前提で開発されたのが大きな特徴で、ここが日本の新幹線システムとの大きな違いと言えるでしょう。

――― 欧州でも相当長い時間をかけて開発されたと聞いていますが、それにしても導入当初は、日本で新幹線システムが既に成功していたわけですよね。なぜ、欧州では既存の鉄道ネットワークを活用することになったのでしょうか。

宿利　日本の新幹線システムは、専用線という方式であるため、その後さまざまな進化の可能性が生まれました。例えば、運行頻度についてみると、当初１時間２本の運行で開業した東海道新幹線や東北・上越・北陸新幹線の東京－大宮間は１時間に１５本、時間帯によっては１５本を超えるダイヤが稼働しています。欧州ではわが国の新幹線の成功を見るまでは、鉄道については、「幹線交通モードとしては時代が終わった」と受け止められており、高速道路と航空にシフトしていくのですが、７０年代から欧州ではローマクラブのレポート「成長の限界」から始まった環境の時代という新たな流れが起きるのです。環境面から自動車や航空が問題視されるようになり、一方、政治的には欧州域内の経済統合の議論が始まり、域内のバリアをどんどん取り払っていかなければいけないという考え方が出てきたのです。ヒトやモノの移動の自由はもちろん、サービス、情報などもバリアを取り払って、最終的には国境というバリアを取り払っていくという議論が進められる中で、環境優位性のある鉄道ネットワークを活用し、域内の移動を活性化させる重要性が再認識されました。新幹線の成功を受け、「日本が成功した、鉄道は高速化できる」とか「鉄道は、環境にも良く、新しい役割を担うことができる」などの論調が欧州で高まりました。従って、欧州の高速鉄道は欧州域内に最初から張り巡らされていた既存の鉄道ネットワークを活用するという前提に立ったのです。もちろん、欧州の高速鉄道も新線を造りやすい区間は新線を造って高速化されています。ただし、大きな都市内などでは在来線を活用しているために初期投資は少なくて済むわけです。もちろんスピードは随分落ちますので、実質は在来の特急列車と同じかもしれませんが、ネットワークとしては、欧州各国を短期間で結ぶことができたわけです。

――― なるほど。当時の欧州にとっては専用線を造って高速化するメリットより、短期間でネットワークを結んだ方がより大きなメリットを享受できた背景が理解できました。

宿利　ただ、在来線と同じ線路を高速鉄道が走っているわけですから、信号システムなどが高速鉄道用に特化できませんので、非常に複雑になっています。残念ながら列車同士を完璧に制御できませんから、列車同士の衝突があり得る前提で安全基準が設けられています。衝突ありきの発想で、衝突した時に高速で走る車両故により頑丈な車体が求められ、非常に重い車両となっています。１座席当たりの必要なエネルギーや重さは、日本の新幹線の２倍で、このような重い車両が走るという前提で、橋などのインフラが造られるようになりました。

――― 欧州では、これまでも高速鉄道で大きな事故が起こっていますね。

宿利　ドイツでは１９９８年にＩＣＥが脱線事故を起こし、１０１人の死者が出ています。スペインでも２０１３年に７９人の死者が出る事故が起きました。中国でも多数の死傷者を出した衝突事故が記憶に新しいところです。誠に残念ですが、こうした事故が常に起きているという意味を考えていただきたいと思います。

日本の新幹線システムは、安全性と将来の進化がセールスポイント

――― 台湾が海外で新幹線システムを導入した最初の事例とのことですが、もともとはヨーロッパシステムが採用されていたそうですね。１９９９年に起きた台湾大地震によって日本の新幹線システム導入に変更されたと聞きました。

宿利　全くその通りで、１９８０年代から台湾政府では台北から高雄まで３４５キロメートルに高速鉄道を導入しようとずっと調査がされていたようです。かなり長い時間をかけて、システムを選ぶ段階で、入札が行われ欧州のシステムが選ばれました。当時、日本側は、関係者がまとまって働きかけをしていたそうですが、二つのチームが入札の対象になっていました。最終選考には残りましたが、欧州システムと組んだ台湾のコンソーシアムが採用になって日本勢は負けてしまったのです。それで、欧州システムを前提にインフラの設計ができ上がって工事に着手されました。ところが、先述したドイツのＩＣＥが１９９８年に大事故を起こし、翌年、台湾に大きな地震があって、大変な被害が出ました。特に、災害対応という面は欧州ではほとんど考慮されていませんから、安全上の問題と災害への対応能力の点で疑問符が付き、車両や信号などのコアシステムは日本方式に変更されることになりました。

――― 既に欧州システムで着工されていたわけですよね。

宿利　はい。車両は、現在台湾では日本の７００系をベースにした７００Ｔという車両が走っていますが、軌道のポイントに欧州式の

台湾高速鉄道

ポイントが入っていたりして、１００％日本方式にはなってはいません。しかし、台湾政府、台湾高速鉄路公司は、同国の高速鉄道を日本方式の高速鉄道のショーケースとして、世界に発信をしたいという立場を明確にしています。自分たちの努力と成功のプロセスを世界に知ってもらえれば、日本システムを世界に広めることに貢献できると言ってくれています。こうした日台間の良い関係が構築できているから、私たちも「オールジャパン・プラス台湾」で努力する姿勢が重要だと認識しています。いずれ、インドの高速鉄道が実現したら、インドもまた同様の流れになると期待しています。

――― ２０１６年４月に熊本大地震が起き、熊本・大分県を中心に大きな被害がありました。前述の座談会では、国土強靭化に対する技術革新が、新幹線システムに対する競争力向上にも資するとの話になりました。

宿利　非常に重要なご指摘でして、わが国の場合、台風、豪雨、地震、津波などさまざまな自然災害がありますので災害対応は不可欠なのです。自然災害対応は、新幹線が導入された初期の段階からしっかり取り組んでいて、地震対応も、初期微動であるＰ波を検知して自動的に運行を止めるシステムが早い段階から入っています。ただ重要なのは、自然災害対応も進化しているという点でしょう。阪神・淡路大震災で直下型の地震がありました。かなり高架橋の支柱が傷つきましたから、鋼板で巻いたりしてインフラ部分を強化しています。これらの対策が講じられていたため、東日本大震災の時には東北新幹線では２７本の列車が運行中でしたが、全て自動的にストップして、けが人もなくて済んだわけ

高速鉄道プロジェクトのプロセス

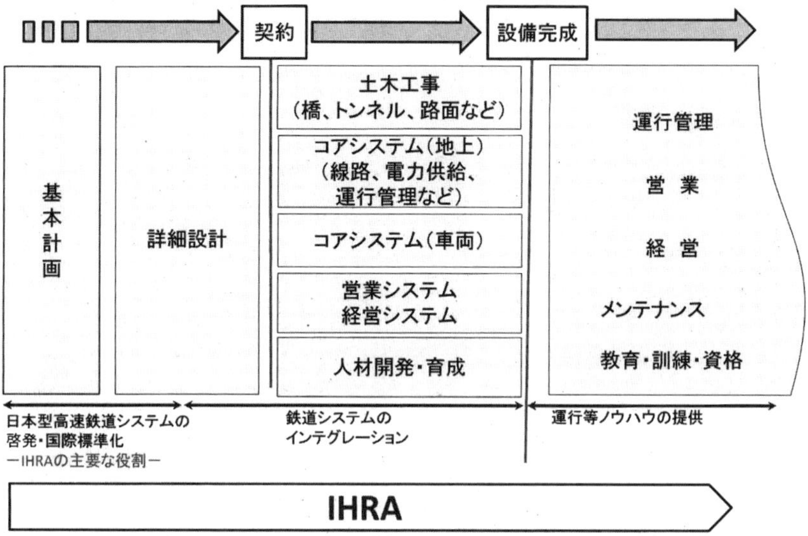

□□□ → 契約 → 設備完成 →

基本計画

詳細設計

土木工事
（橋、トンネル、路面など）

コアシステム（地上）
（線路、電力供給、
運行管理など）

コアシステム（車両）

営業システム
経営システム

人材開発・育成

運行管理

営 業

経 営

メンテナンス

教育・訓練・資格

日本型高速鉄道システムの
啓発・国際標準化
—IHRAの主要な役割—

鉄道システムの
インテグレーション

運行等ノウハウの提供

IHRA

国際高速鉄道協会提供

です。中越地震の時には上越新幹線で脱線しました。あれは新幹線では初めてのケースで、以来脱線防止のために脱線防止ガードが付けられるようになりました。今回の熊本地震においては、回送中の九州新幹線の車両が脱線しました。車庫に入る直前で、脱線防止ガードが付けられていなかった区間でした。ＪＲ九州は、重要区間、危険区間にはガードを付けていましたが、たまたま付けられていない区間だったのです。それで脱線してしまったわけですが、ＪＲ九州が頑張って、他のＪＲ各社もそれぞれ応援をしてかなり早く復旧しました。こうした地震発生後の対応についても高く評価できると思います。

――― インフラ輸出という視点で見ると日本の新幹線システムは安全性と将来の進化が大きなセールスポイントになることがよく理解できました。

宿利　日本と欧州システムのどちらを選ぶかは、もちろん導入国の判断になります。欧州システムの場合、既に１４３５ミリの鉄道が整備されていて、在来線の規格とか既存インフラをかなり使えるところは、初期投資がかなり抑えられるメリットがあるかもしれません。しかし、本来高速鉄道は都市間の大量輸送のための交通モードですから、例えば３５０～５００キロメートル、７００～８００キロメートルぐらいまでの距離帯に大都市がいくつかあって、利用客が将来かなり見込まれるような場合に建設されるわけです。こうした条件を満たすような場合には、日本の新幹線システムを導入しておいた方が、安全性・信頼性はもちろんのこと、将来の発展・進化の可能性というメリットは大きいと思います。

――― 確かに、進化の歴史は５２年間にわたる新幹線システムで実証済みですからね。仮にイニシャルコストで欧州の高速鉄道が安くても、時間軸で捉えると最終的には日本の新幹線システムの方がお得になる、と。

宿利　高速鉄道のプロセスの中で、計画を作って建設するところまではいわば第１段階で、重要なのは開業した後になるわけです。つまり、オペレーションが完璧にできるのか、メンテナンスは大丈夫なのか、将来需要が増えたり、ニーズが高度化することに応じてグレードアップしていけるかが、より重要なテーマだと言えるのです。その時になって、どのくらいコストがかかるのかを考えると、日本は初めからきちんと統合されたシステムを造り、完璧なメンテナンスをやり、必要な人材も用意しますから、故障・トラブルや事故は少なく、長い目で見たら圧倒的にコストが安くて済むのです。

――― ありがとうございました。

第6章

先進企業の取り組み

ＮＥＣ（日本電気株式会社）
執行役員／受川　裕氏

鹿島建設株式会社
専務執行役員　営業本部副本部長／浦嶋　将年氏

株式会社神戸製鋼所
機械事業部門 圧縮機事業部 回転機本部 回転機技術部 水素エネルギー室 兼 営業企画部 次長／三浦　真一氏

清水建設株式会社
執行役員　ecoBCP 事業推進室室長／那須原　和良氏

積水ハウス株式会社
常務執行役員　環境推進部長 兼 温暖化防止研究所長／石田　建一氏

千代田化工建設株式会社
技術開発ユニット 兼 水素チェーン事業推進ユニット 技師長／岡田　佳巳氏

東京ガス株式会社
ソリューション技術部スマエネエンジニアリンググループマネージャー／進士　誉夫氏

東京メトロ（東京地下鉄株式会社）
鉄道本部ハノイ市都市鉄道整備事業支援プロジェクトチーム担当副部長／長谷川　收良氏

三浦工業株式会社
取締役常務執行役員　技術本部長／森松　隆史氏

◆NEC（日本電気株式会社）

日本版スマートシティIoTサービスプラットフォームの展開

執行役員　受川　裕氏

EUが先行する基盤ソフトウェア開発

日経BP社とNECの調査によれば、スマートシティプロジェクトはEUを中心に多くの事例があり、EUが体系的に取り組んでいることがうかがえる。

EUは、官民連携のICT研究開発プログラムとして2011年から5年計画のFI－PPP（Future Internet Public-Private Partnership）を約3億ユーロ（約390億円：1ユーロ＝130円換算）の予算で実施した。次世代インターネット技術における競争力強化と社会・公共分野のアプリケーション開発を支援することが目的で、各都市で実績づくりを進め、最終的には携帯電話と同じようなグローバルスタンダード化を目指している。

投資構造の特徴として、EUおよび各自治体、大学、企業とのマッチングファンドによってイノベーションを起こそうとしている点がある。スポンサー企業にはテレフォニカ、シーメンス、タレスなどが名を連ね、その一角を占めるNECは主に『IoTブローカー』の開発面で貢献している。参画する日本企業はNEC1社のみとなっている。

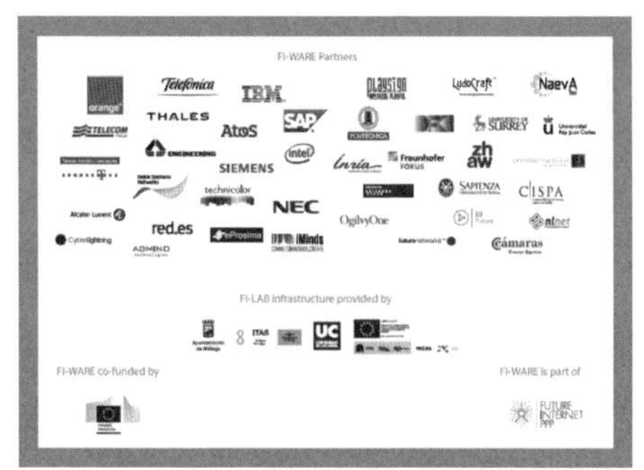

FIWARE, "Open APIs for Open Minds", 2015.より

ＦＩＷＡＲＥの主要スポンサー

このプログラムの中核となる基盤ソフトウェアがＦＩＷＡＲＥ（ファイウェア）である。データ管理、ＩｏＴデバイス管理、ビッグデータ分析などの機能を擁し、各都市のスマートシティプロジェクトの実証を支援する、ＦＩ－ＰＰＰの象徴ともいえる役割を持つ。グローバルスタンダード化を目指して、これをオープンソースにするとともに、ＦＩＷＡＲＥを活用した開発・検証を低コストで容易に可能にするクラウド環境などを整備している。この研究開発に約６４００万ユーロ（約８３億円）が先行投資された。

ＦＩＷＡＲＥを一言でいえば、次世代インターネット技術のアプリ

受川　裕／うけがわ　ゆたか

（執行役員）

1963年1月31日生まれ。東京都立大学電気工学科卒。
1987年4月 日本電気株式会社　入社
1996年7月 電波応用事業部　主任
2000年7月 電波応用事業部　マネージャー
2001年4月 防衛ネットワークセントリック推進本部　マネージャー
2004年4月 防衛ネットワークセントリック推進本部　部長
2007年4月 防衛ネットワークシステム事業部　事業部長代理
2012年4月 防衛ネットワークシステム事業部　事業部長
2014年4月 執行役員　交通・都市基盤事業部　事業部長
2016年4月 執行役員

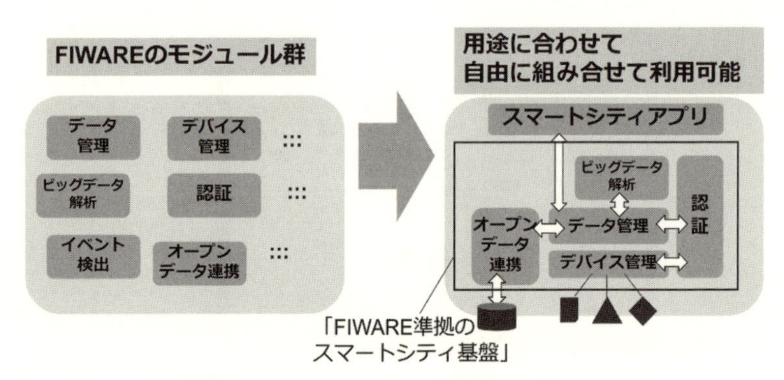

基盤ソフトウェアとしてのＦＩＷＡＲＥ

ケーション開発と普及を支えるソフトウェアモジュールの集合体、といえるだろう。ライセンスフリーで各モジュールを自由に組み合わせて利用できる。その各モジュールが従うべき共通インターフェース、ＮＧＳＩ（Next Generation Service Interface）が定められているのが最大の特徴である。

「特に中小企業の方々は、最新の技術でＩｏＴのプラットフォームを作るにはかなりの費用がかかってしまうので、なかなか踏み切れません。その点、これを利用すればサービスアプリケーションのソフトウェア開発だけで済みます。日本国内でも、地方の地場産業の活性化などに貢献できるのではないかと考えています」と受川氏は語る。

これを共通の基盤ソフトウェアとして、農業や工場など多分野のユー

会社概要

ＮＥＣ（日本電気株式会社）

所在地：
〒108-8001
東京都港区芝五丁目7番1号
TEL：03-3454-1111

代表者：会長　遠藤　信博
執行役員社長兼CEO　新野　隆
設　立：1899（明治32）年7月17日
資本金：3972億円（2016年3月末）
従業員数：2万2235人（2016年3月末）

スケースに適応が可能である。まさしくスマートインフラの実現というわけだ。

共通機能をＩｏＴプラットフォームで提供

ＥＵでのＦＩＷＡＲＥ実証プロジェクトで注目されているのは廃棄物処理、上下水道、交通など、都市における持続可能な公益事業の提供や効率性向上を通じた資源や環境への負荷軽減である。従来は各都市ごとに投資し、各都市ごとに完結していた。それが、ひとつのＩｏＴプラットフォーム上に載ることで、同じ課題を抱えた多くの都市でそのまま利用できるようになるのだ。

日本でも状況は変わらない。各種システムが縦割りで作られているために、同様の課題を抱えていても横展開が難しくなっている。各都市、各地域ごとに似通った課題でそれぞれ独自に取り組み、投資していく。

「共通で必要とされる機能を、めいめいがそれぞれに開発し、個別最適なシステムが乱立するのはいかにも非効率ですから」

特に受川氏が語るのは、日本の防災である。近年は気候変動によって災害が広域化している。にもかかわらず、情報の共有が簡単ではないため、特定地域の被害状況を知るには問い合わせなどによる対応が必要となる。

個別最適な解決策のため、高コストで、横展開ができず効率的ではなかった従来型を、受川氏はガラケーに例える。それに対してスマホ型は、クラウド利用など共通ＩｏＴプラットフォーム、共通インターフェースによる全体最適化、効率的な横展開へ転換することにほかならない。

複数のデータを統合することで新たなサービスの創出も可能で、オープンなインターフェースの活用によって地場産業などの事業者の参入も促進できる。システム連携によるサービスの活性化、ひいては地域活性化にもつながる。それこそがＮＥＣの目指すスマートシティＩｏＴである。

日本の課題に即した独自機能の付加を

では、このＦＩＷＡＲＥをそっくりそのまま日本に持ち込めば万事解決するのかというと、そうは問屋が卸さない。これをベースにしながら、日本独自のサービスに対応した（逆にいえばＥＵ版ではそれほど完成されていない）機能を追加する必要がある。それは、機密情報の漏洩防止やＩｏＴデバイスへの不正侵入を防止する強固なセキュリティである。また、大量のセンサー情報や高精細映像の取得、遅延のないモノの制御といったことを司るネットワークの確立である。さらに、ビッグデータ分析やＡＩが示す現状と予測する将来を考慮したアナリティクスもそうだ。

そうした付加機能を実装した日本版を早期に実現することが求められている。その上で、インターフェースはＦＩＷＡＲＥなのだから、海外へのインフラ輸出も可能になる。特に東南アジアなどは有力なマーケットと考えられる。

もちろん、実装に向けては、産官学連携によるオールジャパン体制の構築が必須だ。さらに、地方創生を見据えて、地場企業やベンチャーがそれに自由に参加できるようにすることが必要となる。

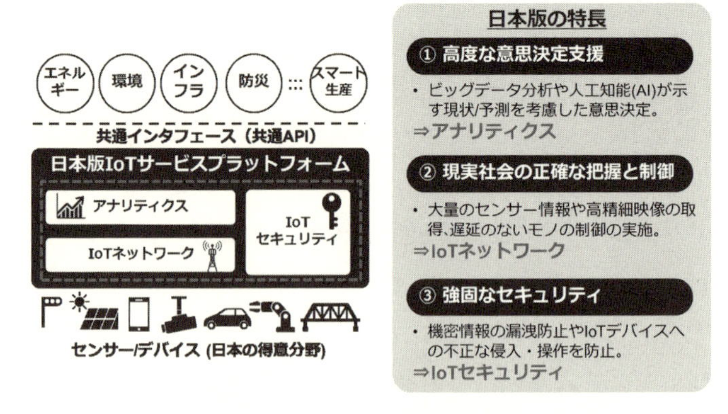

日本版 IoT サービスプラットフォーム

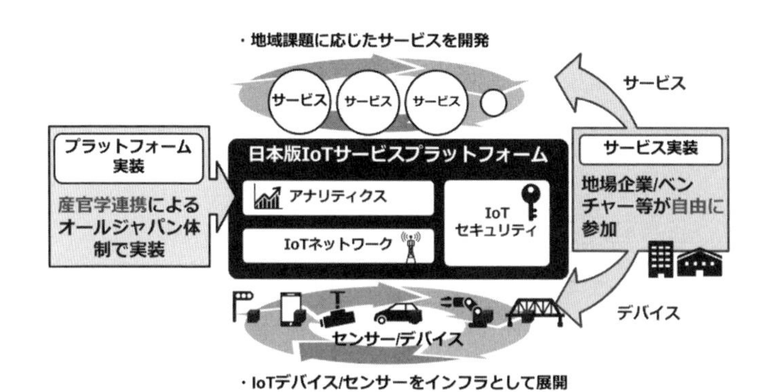

実装に向けた体制と利活用の形態

ＩＣＴを活用した社会ソリューションを提供

「人が生きる、豊かに生きるための社会を実現し、未来につなげる」

これがＮＥＣの掲げる企業テーマである。現在は社会ソリューション事業に力を注いでおり、分析、ネットワーク、センサーなど卓越したＩＣＴ技術とインテグレーション能力でグローバルな社会課題の解決を目指している。

いうまでもなく、その社会課題は多岐にわたる。気象、農業、医療、物流、交通、エネルギー、教育、行政……。従って、ＮＥＣのパブリック事業領域も広い。官公領域では人工衛星システム、航空システム、税や社会保障関連、郵便システムに至るまで、公共領域では交通ネットワーク、消防・防災システム、ビル管理、ヘルスケアなど。自治体向けクラウドサービスもそうだ。銀行ＡＴＭをはじめとする金融領域も含まれる。

「特にセーフティ、防災、インフラ維持管理領域で強みを発揮できるのではないかと自負しておりまして、当面はこの三つに注力することにしています」と受川氏は重点的な取り組みに特化して説明する。

セーフティはサイバーセキュリティや顔・指紋認証、３Ｄ物体認識などのフィジカルセキュリティである。

防災では、救急情報クラウドシステムや地上デジタル災害情報システムを台湾やフィリピンで受注している。また、世界初の群集行動解析技術による帰宅困難者対策を含む総合防災システムの実運用実績を持っている。

インフラ維持管理領域というのは、インフラの維持や管理にかかわる劣化診断システムや故障予兆監視システムを指す。高度成長期に建設した道路や橋の老朽化がこれから１０～２０年の間に急速に進むといわれている。それを壊して再度建設し直すには予算的にも困難だ。構造物の内部劣化状態をカメラで撮影した表面映像から計測・推定できる世界初の技術を含め、振動センサー、温湿度センサー、打音センサーといったさまざまなセンサーからの情報を統合的に解析し、異常が発生する前の予兆の段階で検知するシステムを開発している。

重点分野におけるプラットフォームの活用

では、これらの重点的な取り組みに前記ＦＩＷＡＲＥのプラットフォームはどのように活用されるのだろうか。

セーフティ面では、システム間の連携強化とセンサーの共有による効率化が実現できる。現在はビルや街中の監視カメラはそれぞれ個別に運用されることが多く、組織ごとのカメラで独立して監視しているため、警備システム間の連携が簡単ではない。それを日本版ＩｏＴサービスプラットフォームに載せることで、画像や映像を複数の組織で共有することにより連携が容易になり、また多数のカメラからの情報を統合的に解析することで、これまでは得ることのできなかった情報が得られるようになる。

防災面では、前述の通り個別に情報収集している現状から、それらのデータを共有することで広域災害やゲリラ豪雨などの際の連携が図れ、自治体域を超えた被害状況の把握や対策が可能になる。また、プラットフォームのオープンな互換性によって既存の防災システムとの連携による高度化も実現できる。

インフラ維持管理の面では、同じ構造物に対して振動や打音など手法ごとに個々のシステムで検査し、作業者が属人的に判断する現状では、効率的な限界がある。それらセンサー情報を一元的に管理し、さらにＡＩによる自動解析を行うことで統合的な検査結果から、より正確な劣化度の診断が可能になる。これにより、より危険度の高い、すなわち重要度の高い箇所を優先して対策を打つことが可能となる。

「これをもとに自治体への展開を図っていけば、都市の見える化やＡＩと予測技術の活用による自治体経営の効率化を新たな価値として提供できますし、情報基盤を活用した新サービスの創出で地域活性化にも結びつけることができるはずです」と受川氏は大きなメリットを強調するのである。

NEC が目指すスマートシティ IoT

◆鹿島建設株式会社

IoT、CPSを活用したスマート建設生産システム

専務執行役員　営業本部副本部長　浦嶋　将年氏

生産性向上と魅力ある業界への脱皮を

標記のタイトルは「産業競争力懇談会（ＣＯＣＮ）」で実施し、２０１５年度に報告書を公開した政策提言を旨とするプロジェクトのテーマである。

ＣＯＣＮは、日本の産業競争力の強化に深い関心を持つ産業界の有志により、国の持続的発展の基盤となる産業競争力を高めるため、科学技術政策、産業政策などの諸施策や官民の役割分担を、産官学協力のもと、合同検討により政策提言としてとりまとめ、関連機関への働きかけを行い、実現を図る活動を行っている。略称のＣＯＣＮはCouncil on Competitiveness-Nipponの頭文字である。

このプロジェクトのメンバーには大手企業２５社が参画しているが、各社２～３名という中で鹿島建設だけは１６名を送り込み、他に７名の社員が事務局を担っている。プロジェクトリーダーも児嶋一雄副社長がつとめ、利穂吉彦執行役員がサブリーダーとしてサポート。こうした人材派遣状況からも、同社が力を入れていることがうかがえる。

浦嶋将年専務執行役員はＣＯＣＮ実行委員として、２０１６年３月に取りまとめた最終報告作成に深く関わった。

「このスマート建設生産システムは、第５期科学技術基本計画における『超スマート社会』の一角を構成するシステムとして、建設業界だけでなく各方面から広く関心をいただいています。建設物の設計段階から完成後の維持管理まで、建設物のライフサイクルを通じた社会情報基盤の一部となるもので、生産性の向上による省人化と魅力ある業界への脱皮を図るという課題解決につながると考えています」（浦嶋氏）

２０１２年度の建設投資４５兆円はピーク時（１９９２年度）の８４兆円の約半分。建設市場の大幅な縮小により、建設業界では企業体質の劣化や技能労働者の処遇低下を招き、さらには若年労働者の減少と技能労働者の高齢化も顕著だ。２０１５年３月に日本建設業連合会が発表した長期ビジョンでは、団塊世代の大量退職に対応するため若者や女性の就業増加やさらなる生産性向上を求めている。そのためには労働環境の改善や安全性の向上など、産業としての魅力を高める工夫が不可欠である。また、建設現場では主として人が操作する機械や工具を使うため、ライン化や自動化を進めてきた製造業に比べて大幅な生産性向上には至っていない。

そこで、ＣＯＣＮのプロジェクトチームは、ＢＩＭ／ＣＩＭの高度化を図って情報基盤にしつつ、現在世界中で大きな潮流になっている

浦嶋　将年／うらしま　まさとし

（専務執行役員　営業本部副本部長）

1972年　東京大学工学部卒業、同年通商産業省入省、同省各局、臨時行政調査会、内閣府、JETRO（ロンドン）出向後、2002年退官。同年鹿島建設入社、経営戦略室長、営業本部副本部長を経て、2014年より専務執行役員、ＣＯＣＮ（産業競争力懇談会）実行委員。

ＩｏＴ、ＣＰＳや「Industry4.0」の概念を踏まえて、わが国が保有する各種ＩＣＴ技術を組み込んだスマート建設生産システムを構想。上記のような建設業が抱える課題の解決を図ることを目指したものだ。

「このメリットは発注者や設計・施工・設備など各業者にとどまらず、資材や機材を供給する産業界に波及し、ひいては現場で働く作業員の安全性や福祉の向上にもつながります」と浦嶋専務は強調する。

次世代ＢＩＭ／ＣＩＭプラスＩＣＴの実装

このプロジェクトが構想したスマート建設生産システムとは、具体的にどのようなものなのだろうか。

端的にいえば、設計から施工、維持管理に至るライフサイクルのデータ基盤としてのＢＩＭ／ＣＩＭにＩｏＴとして建設時や運用時の現場におけるさまざまなリアルタイムデータが連携することにより「次世代ＢＩＭ／ＣＩＭ」へシフトさせていくことを目指す。

現状ではＢＩＭ／ＣＩＭは設計および施工段階の一部で断片的に使われているにすぎないが、将来的には設計段階から導入して施工段階ではフル回転、さらに完成後何十年にもわたる維持管理もＢＩＭ／ＣＩＭを基本に補修記録などのデータも組み込んでいく。すべてが一本のライン

会社概要

鹿島建設株式会社

所在地（本社）：
〒107-8388
東京都港区元赤坂1-3-1
TEL：03-5544-1111
URL：http://www.kajima.co.jp/

代表者：代表取締役社長　押見至一
創　業：1840年
資本金：814億円余
従業員数：7527人
（2016年3月末現在）

でつながれるわけだ。ただし､各段階で業者が異なるという問題があり､特化した各部門の専門性を超えて全体を見通してオペレーションに当たる必要がある。

この「次世代ＢＩＭ／ＣＩＭ」に３次元計測・測位、ネットワーク、デバイス、ビッグデータ解析、自動制御、人工知能、各種センサー、さらにはロボットや準天頂衛星システム、小型無線飛行機などのＩＣＴを結びつけ、大量に取得されるデータ解析を織り込んで、設計・施工・維持管理のライフサイクルに適用させようというのがスマート建設生産システムにほかならない。

そのＩＣＴの実装は大きく次の三つの技術に区分される。

（1）「ヒト」「モノ」データのリアルタイム自動収集技術：３次元の位置情報検出・収集を実現する技術、建設機械や人の動作情報検出・収集を実現する技術、人の健康状態情報検出・収集を実現する技術など。

（2）収集データの加工分析技術：現場業務分析を実現する技術、行動解析技術や異常検出を実現する技術、施工計画自動化を実現する技術など。

（3）「ヒト」「モノ」へのフィードバック技術：出来形の３次元表現技術と人、建設機械、資材などの位置情報表示を実現する技術、現場作業者や建設機械への情報伝達とマシンコントロールを実現する技術、ロボット化施工技術など。

これらの技術が「次世代ＢＩＭ／ＣＩＭ」と連携することにより、労働生産性、安全性、品質など建設業が抱える課題克服に加えて、工期やライフサイクルコストを含めた顧客・利用者ニーズへの柔軟な対応、新たな就労機会創出、グローバル市場への展開、維持管理業者・発注者・利用者を含む全ての関係者による情報利活用など、さまざまな効果が期待される。

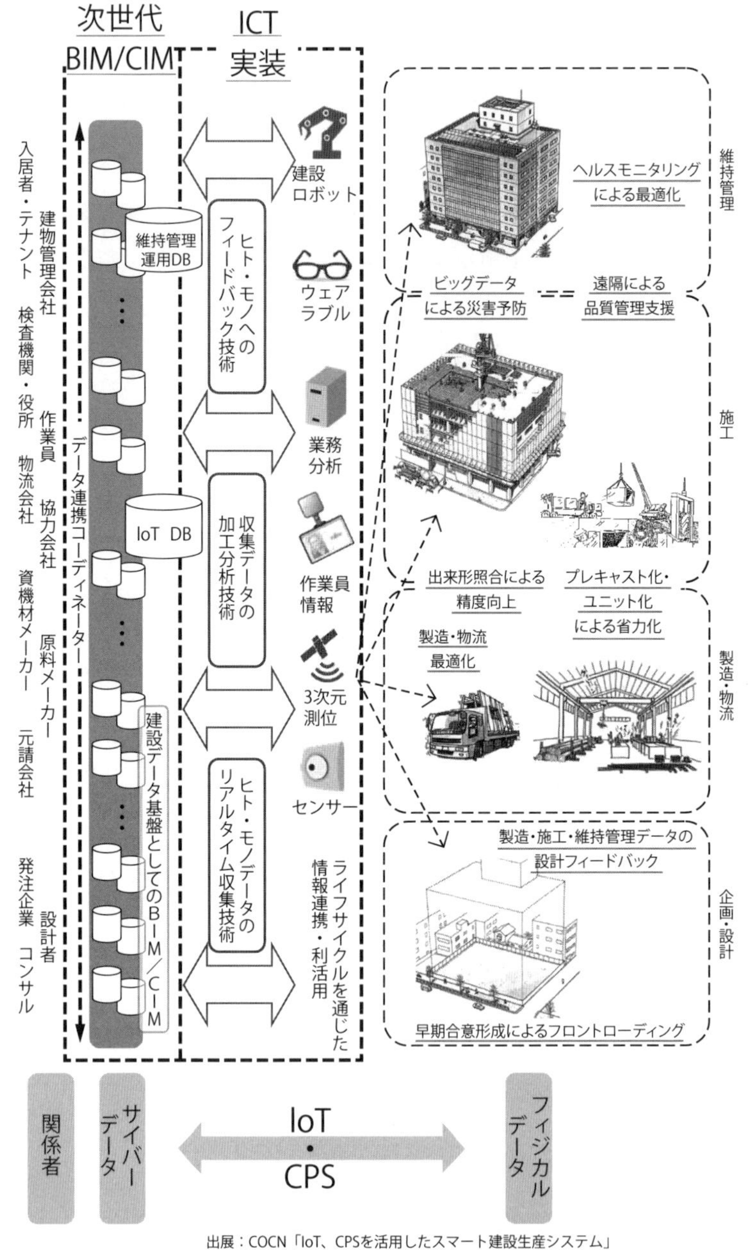

出展：COCN「IoT、CPSを活用したスマート建設生産システム」

※記載イラスト：一般社団法人日本建設業連合会関西委員会 "イラスト「建築施工」"、
および全日本建設技術協会 "土木構造物設計ガイドライン"より引用

産官学によるコンソーシアムで推進

「ただし、この取り組みを進めていくには、いくつかの課題があります」と浦嶋専務は指摘する。

一つは、建設産業におけるＢＩＭ／ＣＩＭを標準とした建設データ連携の問題である。設計、施工、維持管理までのライフサイクルで一貫したデータの連携を高めるため、ＢＩＭ／ＣＩＭを建設プロセスにおけるデータ基盤とすることに注力する必要がある。

また、ＢＩＭ／ＣＩＭを全体最適につながるレベルまで引き上げるためには、国内における活動の実態を踏まえた上で、関連する産業界も含めた国全体としての新たな体制の構築が求められる。理想的な形としては、国（国土交通省、経済産業省、文部科学省など）、建設関連業界（設計、施工、ＩＴベンダーなど）、産業界（発注者、メーカー、物流企業など）を含む推進組織（ＢＩＭ／ＣＩＭの普及促進を目的としたコンソーシアム）を設立し、情報収集、実証実験による課題の洗い出し、関連する技術開発、プロセスの標準化など、検証と改善の反復によりシステムの実現を目指す関係者の強い意志と地道な努力が望まれる。

さらに、国際的な標準化の動きに応じて、ＢＩＭ／ＣＩＭを用いた建設業改革のビジョンを示している諸外国の取り組みに対して日本の立ち位置を確認すべく官民で協力して情報収集を行う必要もある。

もう１点は、ＩＣＴ実装の取り組み方針である。スマート建設生産システムにおいて導入が期待されるＩＣＴを実装させるためには、現場の大量かつ多種多様な非構造化データを効率よく収集・分析した上で、タイムリーに現場にフィードバックする仕組みが求められる。そして、ＩＣＴとして何が重要かを見極めていくとともに、ＩＣＴ機器の長寿命化、情報セキュリティの確保や、現場に適する堅牢性の実現など、ＩＣＴ実装の課題解決に向けて検討を進める必要がある。

「このＩＣＴ展開上の課題解決に向けた取り組みにあたっては、ＩＴ業界や関連団体に連携を求め、建設業者と協力して実証プロジェクトを検討することを提案しています。ＩＣＴを活用しやすい検査基準への見直しなど、制度面からも建設生産におけるＩＣＴ活用の普及促進を図る考えです」（浦嶋氏）

建設生産・ＩＣＴに関する教育を重視

スマート建設生産システム実現への取り組みの中で、浦嶋専務がひときわ重要視するのが教育面、とりわけ、建設労働者の生産現場での技能向上を図るための、ＩＣＴやロボット利活用など教育、訓練である。

建設産業に従事する職員、作業員の総数は５０５万人と推定されている。この中には技能工・建設作業者のほか、販売営業・事務・管理・技術専門職も含まれる。ＩＣＴを活用した建設における生産性向上のためには、これら多くの生産現場で働く人に対する人材開発が必要である。

さらに、近年のＩＣＴの急激な進歩により要素技術を深く理解し、それらを融合して利用することが求められている。特に、ＢＩＭ／ＣＩＭの利活用は、主に建設生産現場や設計業務を中心とする実務の世界で進められており、今後は大学の建築・土木学科におけるＩＣＴ活用教育（ＢＩＭ／ＣＩＭ作図課程、ＩＣＴ全般の教育）、建設生産システム工学のさらなる拡充などの対策を講じることによるプロセス管理を含めた建設ＩＣＴ人材の教育が望まれる。ＣＯＣＮでは、土木学会や有力な大学とともに「土木情報学」を大学のカリキュラムにできないか、意見交換を開始した。

今後の産業界の取り組みとしても、個別各社による作業員教育、訓練に加え、ＣＯＣＮは業界団体等を通じた教育も継続して行っていくことを提言している。「さらに、中小建設会社、専門工事会社や個人事業主など、建設業を支える人材に対する教育について国からも幅広い支援をお願いしたい」と語ったあとで、浦嶋専務はこう付け加える。

「ゼネコンだけでなく、設計事務所でも、発注者側でも、あるいは行政も、情報技術をよく分かっている人材が揃わないとなかなかうまくいかないでしょう」

なお、ＣＯＣＮでは２０２５年をスマート建設生産システムの実現時期として想定しているが、それはこうした中長期的な教育効果も見据えているわけである。

◆株式会社神戸製鋼所

低炭素社会実現に向けた水素インフラ技術確立への取り組み

機械事業部門 圧縮機事業部 回転機本部 回転機技術部
水素エネルギー室 兼 営業企画部 次長　三浦　真一 氏

気候に温暖化の兆候が見られ始めたこと、中・後進国の伸長によりさらなる化石エネルギーの消費が予想されることなどから、CO_2排出による地球環境への影響に真剣に向き合わなければならない状況にある。２０１５年に開催されたＣＯＰ２１パリ会議ではようやく全ての国がそれぞれCO_2の削減目標を設定して取り組むこととなり、先進国・途上国が協力してCO_2排出のピークアウトを目指していく体制が整いつつある。ＣＯＰ２１で言及された「産業革命前からの平均気温上昇を２℃未満に抑制する」という目標の実現には、世界の温室効果ガス排出量を２０５０年までに２４０億トン程度に抑えることが必要とされている。各国の約束草案の積み上げ試算によって２０３０年に５７０億トン程度と見込まれるCO_2排出量に対して、約３００億トン超の追加削減が必要であり世界全体で抜本的なCO_2排出削減のイノベーションを進めなければならない。

日本は省エネルギーを徹底的に進めると同時に、環境に適合したエネルギーインフラを再構築していくことが求められている。水素は化石燃料からの製造など現在のインフラを生かすことも可能であり多様な再生可能エネルギーから製造することもできるため、原料の代替性・インフラ構築に向けた選択肢・柔軟性が高い。水素は単体では自然界にほとんど存在しないものの最も豊富にある元素であり、CO_2排出削減への対応が可能な「環境の時代のインフラ」として長期的に取り組んでいくことが必要であると考えられている。

神戸製鋼所は鉄鋼・アルミ・銅・チタン・溶接などの材料系事業とともに、売り上げの３５％を占める機械系事業を展開している。材料メーカーであると同時に機械・機器メーカーであるという特長により、機械系事業では大型・超高圧や極低温といった特殊環境への対応を求められるメニューが多く、水素インフラ構築に貢献する取り組みを数多く行っている。

高圧水素雰囲気下機械特性試験装置

当社機械事業部門は、材料・シール技術・圧力測定技術などの要素技術をベースに多様な超高圧装置を開発・実用化するなどの基礎研究開発により高圧技術に関し世界で先導的地位を占めてきた。燃料電池自動車向けに高圧水素による貯蔵が必要とされたものの、高圧水素ガスを扱うための金属材料の特性評価は容易でないため当初は評価装置も十分でなく国際的にも７０ＭＰａ（メガパスカル）～１００ＭＰａレベルの高圧水素による金属材料の劣化評価は行われていなかった。高圧水素にさら

三浦　真一／みうら　しんいち

（機械事業部門 圧縮機事業部 回転機本部 回転機技術部 水素エネルギー室 兼 営業企画部 次長）

1985 年　東京大学工学部卒業 2014 年筑波大学大学院システム情報工学研究科にて博士（工学）学位取得。
1985 年　神戸製鋼所入社
化学プラントプロセスの設計・開発を経て、エネルギー・水素の貯蔵・利用に関する研究に従事してきた。
2007 年より水素ステーション関連の技術開発に携わり現在に至る。

される各種部材の安全面での特性評価装置が必要となり、２００３年に独立行政法人新エネルギー・産業技術総合開発機構（当時：以下、ＮＥＤＯ）のプロジェクトにおいて当社の高圧機械・機器部門（当時：機械カンパニー高機能商品部）が４５ＭＰａ級の高圧水素雰囲気下機械特性試験装置を開発した。試験対象項目としては疲労試験、疲労き裂伝ぱ試験のほか、引張試験、破壊靭性試験が可能であり、その後今日まで使用側のニーズに対応して１００ＭＰａ、１２０ＭＰａ、１４０ＭＰａと圧力レベルを引き上げた製品を開発し、大学・企業などに採用いただきながら現在まで合計８台を納入し、水素インフラ整備の基盤検討のため活用いただいている。

１００ＭＰａ級水素ステーション用機器の開発とパッケージ化・全体エンジニアリング

水素ステーションインフラを構築する上で最も重要なキーハードは高圧水素圧縮機といわれ、圧縮機の設備仕様・運用コストなどが新しく整備・構築するインフラの普及におけるカギとなる。従来の高圧水素圧縮機は大型の産業用であったが、黎明期である水素インフラ整備初期の水素ステーションでは、１００ＭＰａ級の超高圧設備でありながら１００ｋＷ程度の小型でバックヤードにも設置できるいわば民生用のコンパクトな設備が求められている。しかも、産業用と異なり頻繁な起動停止に

会社概要

株式会社神戸製鋼所

所在地：
（東京本社）〒141-8688
東京都品川区北品川5-9-12
（神戸本社）〒651-8585
兵庫県神戸市中央区脇浜海岸通2-2-4
TEL：（東京本社）03-5739-6000
（神戸本社）078-261-5111

代表者：代表取締役会長兼社長
川崎　博也
創　　立：1905年9月1日
資 本 金：2509億3003万3900円
（2016年3月31日時点）
従業員数：連結3万6338名 単独1万833名
（単独は出向者を除く）
（2016年3月31日時点）

も対応する必要があり、水素を利用する燃料電池触媒へ圧縮機の潤滑油が影響を与えてはならない。また水素ステーションにおいて水素を燃料電池自動車へ充填する際にマイナス３３℃以下までプレクーリングする必要がありディスペンサー（水素充填設備）に内蔵できるほどのコンパクトで高性能な１００ＭＰａ級の超高圧熱交換器（プレクーラー）も望まれていた。欧米では初期マーケット用としてダイアフラム式や油圧ブースター式など実験用の小型汎用圧縮機を組み込み、処理能力が必ずしも大きくない小型の水素ステーション用とされており、プレクーラーは比較的大きな熱交換器がディスペンサー部を地下に埋設するような形で対応されていることが多い。

当社は産業用高圧機器メーカーとして、ＮＥＤＯや顧客であるインフラ事業者からの要請によりオイルフリータイプで運転吐出圧力８７．５ＭＰａかつ水素流量１２００Ｎm^3／ｈ（ノルマル・リューベ・パー・アワー）の直接充填用高圧水素圧縮機と低圧水素圧縮機を一体型としたパッケージ圧縮機（商品名ＨｙＡＣ）や１００ＭＰａ級超高圧拡散接合型コンパクト熱交換器（商品名ＤＣＨＥ）を水素ステーション用に開発してきた（ＤＣＨＥは２０１６年３月にステンレス協会最優秀賞を受賞）。さらに水素ステーションの設置エリアの極小化・工期の短縮化の要望に応え、圧縮機の流量や蓄圧タンクの容量と本数、冷凍機の能力と冷媒量など機器の最適化を改めて行い、１時間あたり最低でも６台の燃料電池自動車への水素充填が可能な能力を持つ３４０Ｎm^3／ ｈの高圧水素圧縮機を開発し、蓄圧タンク３バンク方式による差圧充填（蓄圧タンク各バンクと燃料電池自動車のタンクの差圧を利用して充填する）により３分充填が可能な仕様とした上で水素ステーションのコンパクト化・低コスト化および納期短縮に寄与する圧縮機・蓄圧容器・冷凍機システム・制御盤などを組み込んだ水素ステーションパッケージ（商品名：HyAC mini）をラインアップに加えた。また当社グループでプラント建設およびエンジニアリングを担っている神鋼エンジニアリング＆メンテナンスで燃料電池自動車への充填におけるさまざまな条件を検証することができる非定常シミュレーションプログラムを開発し、モデル検討を設計に反映した上で「HyAC mini」を組み込んだ水素ステーション全体エンジニアリングによりユーザーのさまざまな機器使用ニーズの検討を行って水素ステーションを建設している。水素ステーションインフラ整備初期の難しさは燃料電池自動車の普及台数と水素ステーションの仕様やユーザビリティをうまくリンクさせる必要のあることであり、規模や仕様要求・マーケット規模の流動的な中でコスト低減をしながら最適化を行っていかねばならない。当社グループの特長は、この黎明期の状況下、超高圧機器で構成される水素ステーションの整備においてステーション全体のエンジニアリングを行いながら流量や圧力など機器の仕様を検討し、必要な超高圧機器を自ら開発する取り組みにある。ＤＣＨＥは国内の水素ステーション向けに累計１００基以上採用され、高圧水素圧縮機は１７機、水素ステーションのエンジニアリングおよび建設としても１１カ所の納入実績を有している。

水素ステーション総合テストセンターの設置

水素ステーションの商用化が始まったものの燃料電池自動車の普及にはまだ時間が必要であり、水素ステーションの稼働負荷は高くはない。開発した自社製機器を水素ステーションの実運用に近いさまざまな運用パターンで確認して現状の性能を把握し将来的に必要な改良開発に資することなどを目的として、当社機械事業部門の生産拠点である高砂製作所内に「HyAC mini」（高圧水素圧縮機、冷凍機、蓄圧容器）、ディスペンサー、水素受け入れ設備、計測室、摩耗試験用圧縮機（圧縮機における構成部品の耐久試験用）を備えた水素ステーション総合テストセンターを設置し、２０１６年３月に運用を開始した。今後、燃料電池自動

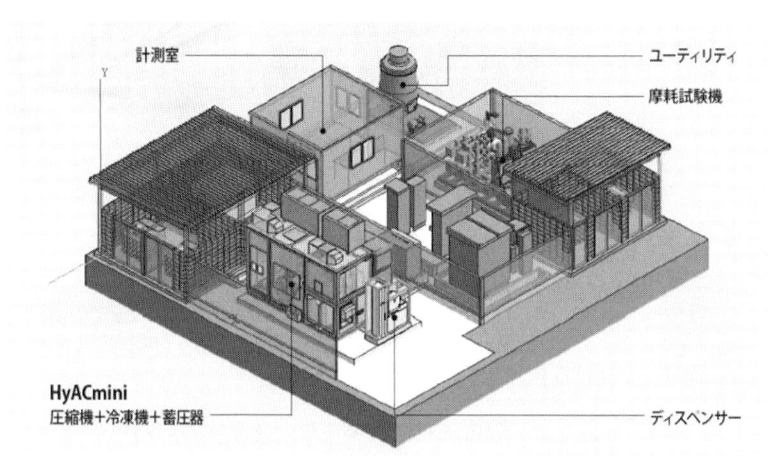

水素ステーション総合テストセンター俯瞰図

車の本格的な普及が進むにつれ、水素ステーションでの充填台数の増加やバスなど充填量の多い車両の増加などが見込まれ、充填圧力の高圧化や様々な充填パターンへの対応が必要となると考えており、これらのインフラとしてのニーズに対応した製品開発に活用してインフラ技術の確立を強力に推し進めることを期待している。

低炭素社会実現に向けた再生可能エネルギー由来水素の活用

当社グループの神鋼環境ソリューションは１９９０年代より固体高分子型水電解式高純度水素発生装置（商品名：ＨＨＯＧ＝ High purity Hydrogen Oxygen Generator）を開発し実用に供してきた。２０１６年４月までに電子産業、金属熱処理、火力発電所などを中心に海外を含めて累計１４０基以上の納入実績があり水電解式では国内トップの納入実績を誇る。水素インフラは将来的には再生可能エネルギーを活用したCO_2削減につなげていくことが必要である。前述した水素ステーションおよび高圧水素に関連したハンドリング技術と水電解水素製造技術を

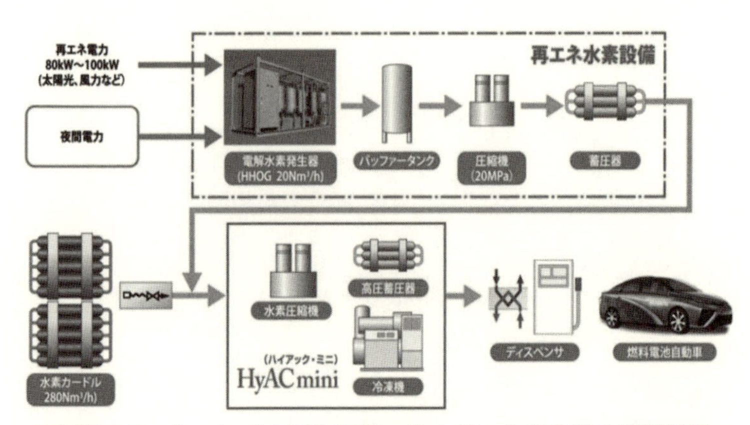

水素ステーションでの再生可能エネルギー由来水素の活用構想

組み合わせることで、電気である再生可能エネルギーを大量・長期間安定的に水素として貯蔵・輸送してエネルギー活用するインフラ技術として検討・議論することが可能になるだろう。CO_2排出削減への対応が可能な水素インフラ技術の課題を実証的に検証するため、前述した水素ステーション総合テストセンターに水電解設備を付加して実証試験を行うことも計画している。

グループ内関係部門での連携した取り組み

当社では水素インフラビジネスに関連した技術者たちが情報交換のため自然発生的に部門を超えた連携をとるようになり、これを発展させて２０１３年にグループ横断プロジェクト「Ｈ２プロジェクト」を発足させた。水素インフラの整備は黎明期にあり、規制適正化・仕様検討においてはユーザーであるインフラ事業者のみでなく、特に利便性やコスト面では設備事業者の視点での検討・提言も重要である。燃料電池自動車の普及状況によって求められる仕様や取り組みは変わっていかざるを得ないが、変わっていく状況に柔軟に対応しながら、着実にインフラ価格の低減と安全やユーザビリティを両立させることが求められている。業

米国向け圧縮機パッケージ

界団体であるＦＣＣＪ（燃料電池実用化推進協議会）やＨｙＳＵＴ（水素供給利用技術協会）などの活動にも設備事業者として積極的に参画した上で､関係会社も含めた水素インフラに関連した部門（材料試験装置･水素ステーション用高圧圧縮機・水素ステーション用高圧熱交換器・水素ステーションプラント・水電解水素製造装置・技術開発など）と本社部門が定期的に情報交換会を実施し、情報を共有しながら来たるべき水素社会に向けた実績作りを進めている。さらに、日本国内での実績を武器にそれぞれの差別化技術をブラッシュアップし、海外拠点を活用して米国や欧州市場へも当社技術を展開していく予定である。

参考文献

１）内閣府　エネルギー環境イノベーション戦略

２）三浦、真鍋「水素ステーション整備に向けた神戸製鋼所の取り組み」ふぇらむ vol 21（２０１６）No 1

◆清水建設株式会社

人と地域のための まちづくりを目指して

執行役員 ｅｃｏＢＣＰ事業推進室室長　**那須原和良**氏

グローバルにインフラ・ネットワーク事業を展開

清水建設は１８０４年創業、その長い歴史と、日本初の本格洋風ホテル「築地ホテル館」をはじめさまざまな建築で時代を作ってきたスーパーゼネコンである。いまや、その文言さえ旧聞に属するほど事業の範囲は多岐にわたっている。業界唯一のマイクログリッド制御技術をはじめとする高い技術力でスマートシティ事業にも力を入れ、設計、建設、運営、維持管理の一貫システムを構築。「災害に強く環境にやさしいサステナブル社会の実現」を掲げて、太陽光発電や蓄電池などでエネルギー自立化を図り、非常時にも電力、熱、情報をコミュニティで融通し合う基盤づくりを推進してきた。

「一つひとつの建物ではなく複数の建物を、会社や地域のくくりでエネルギーとＢＣＰを一括管理するクラウドサービス。これも当社にしかないものです」。２０１２年に発足したｅｃｏＢＣＰ事業推進室の那須原室長は、そう言って控えめに胸をそらせる。

同社は、その高い技術力を生かして海外での事業展開も活発だ。米国でＮＥＤＯと組んだスマートグリッドやＺＥＢ実証事業への参画や、主力戦場であるアジアでのＣＤＭ、ＪＣＭ事業、省エネ改修、工場の低エネルギー化等、さまざまな取り組みに挑戦している。

また、同社が数々の実績を誇るインフラ輸出でも、Ｇ７伊勢志摩サミットで採択されたインフラ投資原則の中に、インフラの環境・社会面への対応、気候変動・環境に考慮した経済・開発戦略、という指針が盛り込まれ、環境は重要な要素となってきている。同社は国土交通省が世界各地で開催するインフラ官民会議に積極的に参加し、「質の高いインフラ」の一環として防災・環境配慮を訴求。更に、同省が推進する「カンパニーツアー」等への参画を通じて各国在日の大使・公使に同社本社ビルや技術研究所を紹介し、地震防災や省エネの技術をアピールしている。

２０１６年８月に開催されたアフリカ開発会議（ＴＩＣＡＤ Ⅵ）で話題になっているアフリカについても、同社は現地４０年の歴史を生かし、昨年アフリカ２２カ国の大使・公使を前述「カンパニーツアー」で招へい。また、今回のＴＩＣＡＤに参加した宮本洋一同社代表取締役会長も本会議にて「アフリカの経済発展と都市化に伴い、大気・水質汚染や自然災害に対応した、持続可能で質の高い都市インフラの整備が必要」と提言している。那須原室長は「成長至上主義の社会から持続可能な社会へ、というシフトは世界的な潮流です。ＣＯＰ２１でも低炭素から脱炭素、カーボンニュートラルへの歩みが明確に宣言されました。その実現のためには新たな価値を持ったインフラやネットワークが肝要で

那須原 和良／なすはら かずよし

（執行役員 ｅｃｏＢＣＰ事業推進室室長）

1981年 早稲田大学大学院理工学研究科機械工学専攻修士課程修了
清水建設株式会社 入社
2004年 設計本部 設備設計部１部長
2007年 設計本部 副本部長
2010年 設備・ＢＬＣ本部 副本部長
2012年 ecoBCP推進室（現ecoBCP事業推進室）室長
2015年 同執行役員 室長

す。そのためには三つのイノベーションが非常に重要だと思っています」と続ける。

三つとは技術（ＩｏＴ、クラウド、分散エネルギーなど）、制度（コンパクトシティ、地域エネルギーインフラ、地域医療連携など）、サービスマネジメント（公民連携サービス、エリア活性化、健康と安心など）を指している。

電力と熱の面的利用のパイオニア役

２０１４年６月に竣工した東京都港区のスマート街区「オアーゼ芝浦」は、この三つのイノベーションを体現したモデル的な事例として注目を浴びている。国交省の住宅・建築物省CO_2先導事業にも採択された。

オフィスビル２棟と１５０戸の集合住宅は近接する三つの敷地に分かれ、それぞれ公道で区切られている。そのため、公道の地下に自営のライフラインを敷設して、３敷地で電力と熱の面的利用を図るという試みとなった。注目を浴びているのは、こうした画期的な試みだけでなく、ＣＥＭＳによる省CO_2制御や街区全体が防災活動の拠点として機能している点など、今後のまちづくりの指針となる数々の特長を併せ持っているからにほかならない。

電力は一括受電してコージェネによる発電とともに供給することで、節電制御と併せて約２５％のピークカットを実現。コージェネ排熱はオ

会社概要

清水建設株式会社

所在地（本社）：
〒104-8370
東京都中央区京橋2丁目16番1号
TEL：03-3561-1111（代表）

代 表 者：取締役社長　井上　和幸
設　　立：1804年
資 本 金：743億6500万円
従業員数：1万751人
（2016年4月時点）

フィスのデシカント空調（温度と湿度を分離制御するエネルギー効率の高いシステム）や暖房、集合住宅の給湯などに利用。電力と熱の供給はＣＥＭＳによって最適に制御され、CO_2排出量を約３０％削減する。

また、地域防災の観点から、建物には港区の防災備蓄倉庫や緊急避難テラス、一時滞在スペースが設置されていて、もし外部からのエネルギー供給が途絶えてもコージェネと非常用発電機によってエレベーターや給水ポンプに電力が供給されるなど、平時の約５０％の電力確保が可能だという。

「テナントがすべて埋まったのが２０１５年秋のことで、まだ年間を通したフルスペックのデータはまとまっていないのですが、ほぼ当初のもくろみ通りの実績を上げていることは間違いがないようです」

そして、こうした街区レベルでのｅｃｏＢＣＰマネジメントを拡大させたのが、２０１２年５月竣工の同社の新本社ビルを核に進化する京橋１・２丁目エリアにおける「京橋スマートコミュニティ」である。

地方中核都市のモデルに「京橋スマートコミュニティ」

清水建設本社ビルは「運用開始時にカーボンマイナス６２％、将来的にはカーボンゼロへ」をスローガンに同社の環境技術の粋を結集。このコンセプトをエリア全体に敷衍させ、エネルギーの面的利用と地域防災機能の強化拡充を図ろうというものだ。

近年一番のトピックは、東京電力エナジーパートナーと民間企業による「節電連合」である。これは、エリア内にオフィスを構える同社や味の素など１１社と東京電力ＥＰが協力して、対象施設の電力使用量を常時把握するシステムを構築し、データを共有することで一括管理。夏場の猛暑日などに各社が協力して電力需給を調整（５～１０％の節電を想定）しようというもの。東京電力ＥＰは節電量に応じてインセンティブを付与する。電力需要のピークに合わせて設備を増強する必要がなくなるというメリットなどが背景にある。

政府が掲げる２０３０年の温暖化ガス削減目標では、２０１３年比で工場部門の７％に対してオフィス・家庭部門では４０％減が求められている。それだけに温暖化対策の切り札として関心が高まっているところだ。事務局の役割を担う同社では、デマンドレスポンスのポテンシャルなど省エネ・CO_2削減施策の有効性を検証することになっており、２０１６年４月からこの作業がスタートした。

「このエリアは丸の内や西新宿あたりとは違って、３分の２が５０００m^2以下の中小ビル。つまり地方の中核都市のモデルになるのです。そういう意味での展開性が注目されている点でもあります。この枠組みづくりでノウハウを磨き、国内外で同様の取り組みを広げていきたいと考えています」

自治体の課題解決にも取り組む

地域連携という点では、愛知県春日井市の中部大学における「スマートエコキャンパス」事業も出色だ。

学生数約１万２０００人、キャンパス総面積約３２万m^2という７学部施設群をスマートＢＥＭＳやマイクログリッドなど先進的なエネルギーマネジメントによって段階的にスマート化し、低炭素化を推進するとともに、指定・広域避難所として発電、蓄電、給水の自立化を図る。

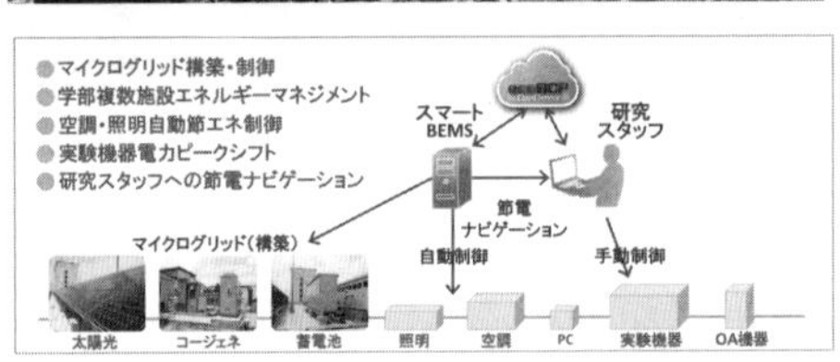

中部大学スマートエコキャンパス

このプロジェクトは、環境省の「グリーンプランパートナーシップ事業」に採択され、地元春日井市の地球温暖化対策実行計画との連携も図られている。

前出の「オアーゼ芝浦」「京橋スマートコミュニティ」を含め、こうした事業を推進するにあたっては、いわゆる行政的規制をはじめとするさまざまな課題を克服しなければならなかった。例えば、電力自営線の公道設置や熱導管の道路占用許可など供給ルートへの公益性の付与の課題。あるいは、特定電気事業・特定供給の併用受電や熱ネットワークの整備、コージェネの排熱融通配管の設置促進など熱・電力の街区利用における効率化の課題……。

「スマートインフラ革命を進めるためにも、国や自治体にぜひ、こうした制度面のイノベーションを期待したいと思いますね」と、那須原室長は笑顔ながらも、切実に語る。

水素エネルギーの利活用も実現へ

こうしたエネルギーインフラ構築の課題克服と併せて、同社では新エネルギーの開発・推進を積極的に進めている。とりわけ、まちづくりに生かせる、街区で利用できるという視点で力を注いでいるのが、CO_2を排出しないクリーンなエネルギー源である水素の活用である。

２０１６年１月からは国立研究開発法人産業技術総合研究所との共同研究に着手し、太陽光などの再生可能エネルギーの余剰電力を水素にして特殊合金に貯蔵し、放出・発電するシステムの実証実験を２０１６年度内に開始する。また、大阪狭山市と連携して「グリーン水素シティ事業推進研究会」に参画。下水処理水を利用した水素発電による下水道維持管理コスト削減に関する調査事業も大阪狭山市、小林市（宮崎県）、軽井沢町等と進行中だ。

「自社で開発済みのスマートＢＥＭＳを活用して、施設や施設群での

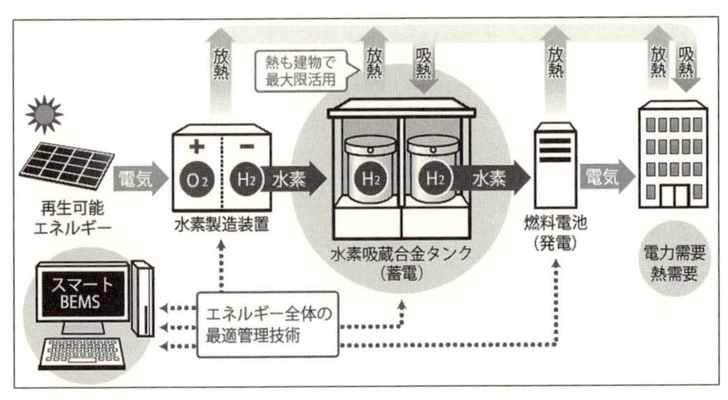

研究開発中の水素エネルギー利用システム

利活用システムを早急に確立したい」と那須原室長は意気込む。

「２０２０年までに建物、街区への導入を実現することを目指しています」

「他人任せでは何も進まない」——スマート事業への決意

さて、「サステナブル社会の実現」のために、同社は今後どのような戦略のもとに事業展開を図ろうとしているのか。

「エネルギーサービス事業と地域共生事業を両輪に展開していきたい」と那須原室長の回答は明快だ。

エネルギーサービス事業は、建設やまちづくりのコアビジネスと一体になったクリーンエネルギー発電と、省CO_2やＢＣＰを強化したその供給・マネジメントを指す。中でも、最新のスマート化設備を同社が所有し運用管理と併せて料金を平準化し初期投資を削減する設備サービスや、系統・分散エネルギー源を統合し受給のベストミックスを実現する地域熱電供給サービス事業に力を入れるのは、同社の決意の表れといえるだろう。さらに、ＢＣＰやセキュリティ、AM／PM／BM支援などの各種サービスをクラウドで一括管理。施設と一体になった省エネ改修やＥＭＳ導入、エネルギーマネジメント支援をワンストップで提供する。

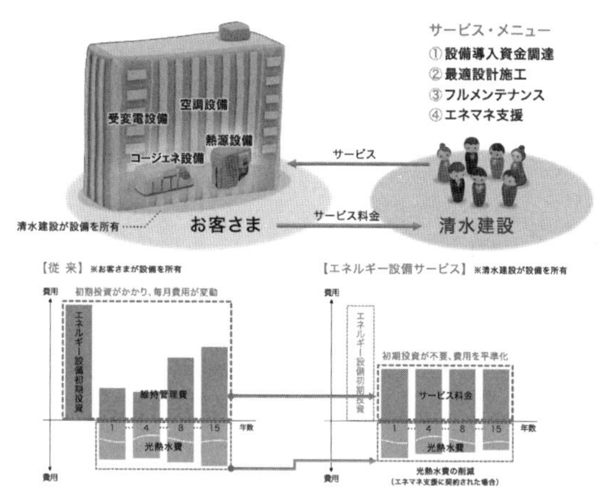

清水建設の設備サービスのメリット

「要は、誰かに任せているとスマート事業は進まないということなのです」と説明の最後に断言する。「従来はお客様から仕事をいただくという請負事業でしたが、それだとどうしても予算ありきになってしまう。だから当社の目指すサステナブル社会の実現のために、この際、スマートシステムの初期投資は当社で負担しましょう、と。ライフサイクルコストの面でも必ずいいものが提供できるわけですから」

もう一方の地域共生事業は、「山」「海」「里」がキーワードだ。すなわち、「山」では小水力やバイオマス発電などで、「海」では洋上風力発電などで資源の循環を図り地方創生を進める。「里」ではコージェネや廃棄物発電を活用した省CO_2やＢＣＰ強化で都市再生を図る。

さらに、中長期的には、レジリエンス（強靭な生活・産業・都市基盤）、ウェルネス（快適で健康的なユニバーサル空間）、スマートエネルギー（需給のベストミックス）、レスポンシビリティ（社会的価値の創造）という４つの事業を通じて「サステナブル社会の実現」を実りあるものにしていく——。常に、時代が求める新たな価値を持ったインフラ、サービスを提供し続ける清水建設の取り組みに期待が高まる。

◆積水ハウス株式会社

地域資源を生かし、東松島市でスマート防災エコタウンを展開

常務執行役員
環境推進部長 兼 温暖化防止研究所長　石田　建一氏

日本を代表するエコ・ハウスメーカー

１９６０年の創業以来、時代の流れと社会のニーズに敏感に対応することで、住まいにおける新しい価値を創造してきた積水ハウス。実績は、日本のハウスメーカー随一であり、累積建築戸数２２８万４６５９戸（２０１６年1月時点）は、世界一を誇る。

「広く社会に対して住まいを通じて役に立つことを行いましょうという考え方が積水ハウスの企業活動の根底にあります。事業を通じて社会的課題の解決に貢献し、新しい価値を創造することを目指しています」。同社環境推進部長 兼 温暖化防止研究所長の石田建一氏はそう語る。

こうした理念を明確に表したものが、１９９９年に発表した「環境未来計画」である。この計画で、住環境の土台といえる地球環境を重視する方針が打ち出された。これは、同社代表取締役会長 兼 ＣＥＯである和田勇氏の「住宅メーカーは売れば終わりというわけではない。その家に住むお客さまの暮らしや生涯に責任を持たなくてはいけない。５０年先、１００年先の地球環境にも責任を持つ必要がある」との考えによるものであった。

そして、環境省が「エコ・ファースト制度」を開始した２００８年、積水ハウスは業界初の「エコ・ファースト企業」に認定された。「環境の分野における先進性、独自性を持ち、かつ業界をリードする事業活動を行っている企業」というお墨付きを与えられたのである。

２０１５年１１月に官邸で行われた「未来投資に向けた官民対話」に出席した和田会長は、エコ・ファーストの実践課題として、ネット・ゼロ・エネルギー・ハウス（ＺＥＨ）の普及や、既築住宅のリノベーションが不可欠であることを提言した。ＺＥＨを普及させるためには、空調、照明などの省エネ機器、さらに太陽光発電、燃料電池などの創エネ機器の効率化、低コスト化に国を挙げて取り組む必要がある。また、戦後から２０１３年度の住宅投資額累計と現存の住宅資産額を比べると、５４０兆円もの国富が消失していることに言及。これは、スクラップ・アンド・ビルドという日本の住宅史の産物であり、わずか築２０年で家の資産価値がゼロになってしまう査定方式に問題があるという指摘だ。和田会長は、投資額に見合う住宅の資産価値を上げるためには、良質な住宅へのリノベーションが必要と説く。それには、CO_2排出量の削減や、それに伴う光熱費の削減、健康への配慮から医療費の削減にもつながる高断熱化の推進などさまざまなメリットがある。

こうした提言は、洞爺湖サミット（２００８年）の時期から積水ハウ

石田　建一／いしだ　けんいち

（常務執行役員　環境推進部長 兼 温暖化防止研究所長）

工学博士、一級建築士
1985年、工学院大学建築学博士課程修了。同年、積水ハウス株式会社東京設計部入社。
商品開発部課長、ICT推進部長を経て、2006年、温暖化防止研究所長就任。2011年より環境推進部長と温暖化防止研究所長を兼任。2012年より執行役員、2016年より常務執行役員。2001年には自邸で、（一財）建築環境・省エネルギー機構主催、環境・省エネルギー住宅賞で、国土交通大臣賞を受賞。

スが提起していた問題に新たな視点を加えた完成形であると、経済再生担当大臣から賞賛を受けた。

安全・安心・快適で美しい暮らしを優先

では、先端を走る同社の環境への取り組みは、具体的にどう進められてきたのだろうか。

「省エネというと、我慢しなさい、ライフスタイルを変えなさいという雰囲気がありました。けれど、誰でも快適な暮らしをしたいですよね。最新の環境技術で、より良い暮らしをしながら、温暖化を気にしなくても結果的に環境に優しくなっているというのが、われわれが生み出そうとしている新しい価値です」と話す石田氏。

２００１年にスタートした造園緑化事業「５本の樹」計画は、自然の再生、生物多様性の保護が狙いだ。各地域の気候風土に合わせた在来種・自生種を中心に、生態系に配慮し、建設した住宅の庭や公園に年間１００万本ほど植えており、累計では約１１００万本に達している。

「木の図鑑、鳥の図鑑、虫の図鑑はあるけれど、この木にはどんな鳥が来るのかという図鑑はなかったので当社が作りました。さらにこれを電子化し、積水ハウスが施工した庭の樹木に二次元バーコードのついた樹のネームプレートの設置を進めており、これをスマホやタブレットでス

会社概要

積水ハウス株式会社

所在地（本社）：
〒531-0076
大阪市北区大淀中1-1-88
梅田スカイビルタワーイースト
（東京支社）：
〒107-0052
東京都港区赤坂4-15-1
赤坂ガーデンシティ

TEL：（環境推進部）06-6440-3374
（CSR室）06-6440-3440
代表者：代表取締役社長 兼 COO
阿部　俊則
設　立：1960年8月1日
資本金：2,025億9,120万円
（2016年1月31日現在）
従業員数：15,917人
（2016年4月1日現在）

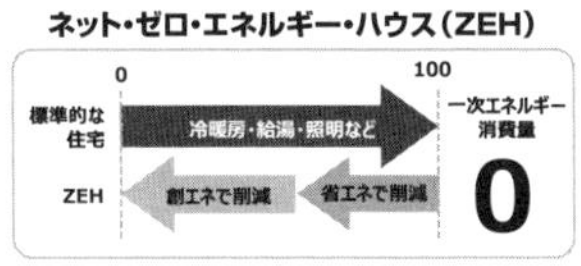

積水ハウスのZEHの特長と施工実績など

キャンすると、どんな鳥や蝶が訪れるかが表示されるのです。鳥の鳴き声も再生でき、楽しく環境を学べます」と石田氏は説明する。ここまで徹底した取り組みが環境に対する同社の意識の高さを示している。

一方、２００２年には、生産段階で発生する廃棄物をすべてリサイクルするゼロエミッションを実現。施工現場に建築資材を納めた車両が、その荷台に現場で発生した廃棄物を積んで、全国の資源循環センターに送るのである。このシステムを構築するため、積水ハウスは住宅業界では初めての「広域認定」を取得した。

こうした取り組みからさらに踏み込んで、持続可能な社会の構築を経営の旨としたのが、２００５年の「サステナブル宣言」。京都議定書が発効された年である。その具体的行動施策として、全ての商品の居住時のエネルギー消費に伴うCO_2排出量を、１９９０年比でマイナス６％を目指す「アクションプラン２０」を実施した。３年後に開かれた洞爺湖サミットで日本は、２０５０年までにCO_2を６０～８０％まで削減すると新たに宣言した。「産業用のCO_2を６０～８０％削減するのは難しく、ならば他の分野で減らすことを考える必要がありました。そこで、２０５０年までに住まいからのCO_2排出をゼロにする『２０５０

Over
9,000
houses
Over
7,500
houses
CO2排出50%以上削減の
グリーンファースト
戸建住宅の80%以上
ZEH
グリーンファーストゼロ
戸建住宅の71%

同社施工物件における「グリーンファースト」「グリーンファーストゼロ」の割合

年ビジョン』を設定、この実現に向け２００８年に居住時のＣＯ$_2$排出量を差し引きでほぼゼロにする『ＣＯ$_2$オフ住宅』を発売しました。洞爺湖サミット会場の『ゼロエミッションハウス』建設にも協力しました。大容量の太陽光発電、家庭用燃料電池、省エネ家電などの先端技術を備えた近未来住宅です」と語る。

２０５０年までに住宅におけるＣＯ$_2$ゼロを実現するには、今からＺＥＨを作り続けていかなければならない。その達成に近づくため、さらに本格的な商品化を進め、２００９年にスタートしたモデルが、環境配慮型住宅「グリーンファースト」だ。顧客の家族構成やライフスタイル、敷地条件などに応じて、太陽光発電システムや燃料電池、高効率給湯器などを組み合わせ、快適に暮らしながら、ＣＯ$_2$を１９９０年比で５０％以上削減する。さらに２０１３年には、エネルギー問題に左右されずに暮らしの快適性を追求できる住まいの普及を目指し、ＺＥＨである「グリーンファースト ゼロ」の発売を開始した。

２０１６年１月までのＺＥＨ累積受注棟数は１万９２５１棟で、日本一の実績を上げている。

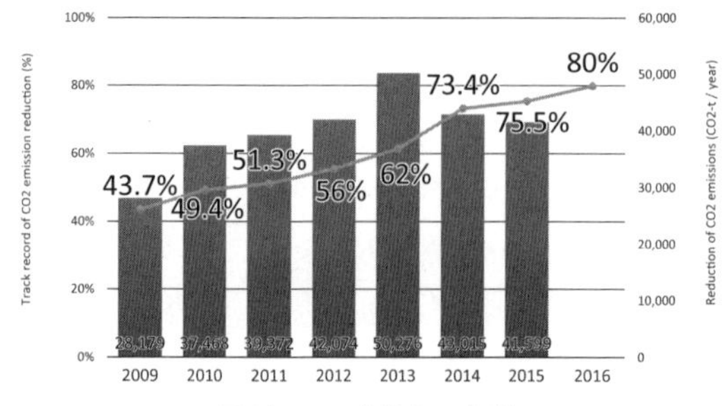

同社 CO$_2$ 削減の実績

温暖化対策は喫緊の課題だ。２０１５年にパリで開催された、気候変動枠組条約を締約する会議ＣＯＰ２１で、日本は２０３０年までに温室効果ガスの排出量を２０１３年比で２６％削減することを公約。この目標達成に向け、家庭部門では３９．３％もの大幅削減が求められている。政府は、高い省エネ性能と太陽光発電システムや燃料電池を用いてエネルギー消費量をゼロにするＺＥＨの普及を進め、２０２０年までに標準的な新築住宅をＺＥＨ化しようと図っている。

「グリーンファーストでは、瓦一体型の太陽光発電パネルを搭載しています。光が当たって発電する機能という点では、フラットな屋根も同じ。ただ、われわれは機能を追求しているわけではありません。なぜなら､エネルギーのために家を建てる人はいないからです。敷地があって、ライフスタイルがあって、プランを作って、屋根をかける。だから『発電効率の最も良い形の屋根』ではなく、『その家の暮らしにとって最も良い形』を優先した結果、瓦一体型のパネルになったのです。結局、安全・安心・快適でありながら美しいものを作りたい。ここに、家づくりに対する当社の姿勢が表れていると思います」と、石田氏は語る。そして積水ハウスはＣＯＰ２１において日本の民間企業では唯一「建物および建設部門における共同宣言」に賛同・署名している。環境を事業の基軸に据え、日本の住宅の環境性能向上をリードしてきた積水ハウスの強い覚悟と決意を感じ取ることができる。

日本初「東松島市スマート防災エコタウン」始動

積水ハウスが追究してやまない安全・安心・快適な住まいづくりは、まちづくりにも広がっている。まち全体の約２割に蓄電池を搭載し停電時にも普段とほぼ同じ生活ができる「グリーンファースト ハイブリッド」を配置し、「安全･安心」「健康･

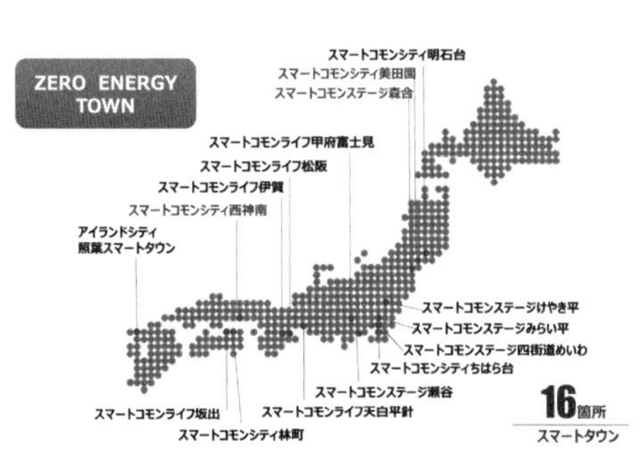

同社が手がける全国のスマートタウン

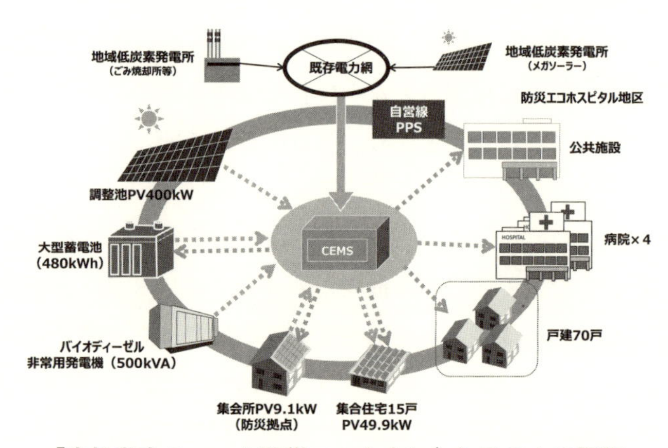

「東松島市スマート防災エコタウン」システムの概要

快適」「エネルギー」「見守り」をキーワードに、持続可能なまちとして「スマートコモンシティ」を全国１６カ所で展開中だ。

「この流れをもっと進めたいと思って実現させたのが、宮城県の『東松島市スマート防災エコタウン』です。東松島市は、年間３０億円の電気料金を払っています。これを自分でまかなえば市外に流出していた３０億円が市内で循環し、さらに関連事業による雇用も生まれ、地方活性化の方法の一つになります」と、石田氏。

東松島市スマート防災エコタウンは、８５戸の災害公営住宅および4つの病院、公共施設を自営線で結んだ全国初のマイクログリッド（エネルギー供給源と消費施設をもつ小規模エネルギー・ネットワーク）を構築。調整池や建築物の屋根に設けられた太陽光発電パネル、バイオディーゼル発電機、大型蓄電池を備えており、発電した電気は、固定価格取引制度で売電せず地産地消する構想だ。環境省の補助金を受けて、（一社）低炭素社会創出促進協会が実施している「自立・分散型低炭素エネルギー社会構築推進事業」にも採択されており、年間２５６トンのCO_2を削減できる。

２０１６年6月１２日、丸川珠代環境大臣（当時）、村井嘉浩宮城県

知事も出席し行われた完成披露式典で、和田会長は「当社は、このようなスマートタウンが世の中に広まっていくことを大いに期待しています。マイクログリッドには三つのキーワードがあると思います。環境と防災、それから経済活性化。日常は再生可能エネルギーを地産地消して、地球の温暖化防止に貢献し、災害時には街区をまたいで住宅と病院、それから公共施設にも電力を供給するという、地域の災害対応にも貢献するまちです」とその意義を語った。

石田氏は、「東日本大震災の時、市内の病院関係者から『電気がない。水がない。これでは病院で透析患者が死んでしまう』と言われ、生命に関することは自ら取り組む必要があると、市長は強く思ったそうです」と、東松島市がスマートタウンを開発するに至った経緯について話す。東松島市スマート防災エコタウンでは、災害時に系統電力が途切れても、バイオディーゼル発電機によって最低３日間は平常時と変わらない電力供給が可能。このように、自営線を敷いていることで、他エリアの電力トラブルの影響を受けにくいのも特長だ。

また、地元雇用創出の仕組みとして「東松島みらいとし機構（ＨＯＰＥ）」という新電力会社を立ち上げたのも、大きなポイント。売電により生み出した利益を設備の保守保全などに活用し、富を地域で循環させることで地域活性化を目指す。「会長の和田が述べたように、CO_2削減、防災性の向上、地域経済の活性化。これがスマート防災エコタウンの三つの特長です。バイオマスを活用したり、水力や風力を用いたり、地域によって特色のあるエコタウンが展開できると思います」と石田氏は展望する。ただ、もっとも重要なのは「当社は機能性を追求したまちを作りたいのではなく、誰もが安全・安心、快適に住める美しいまち、人々が住みたいまちを作りたいのです。今後も自治体などと協力しながら、スマートタウンを全国規模に広げていきたいと思っています」――。石田氏の言葉が、積水ハウスのまちづくりの夢を象徴している。

◆千代田化工建設株式会社

水素の大規模貯蔵輸送技術の開発と応用展開

技術開発ユニット 兼 水素チェーン事業推進ユニット 技師長　岡田　佳巳 氏

はじめに

人類の永続的な発展には再生可能エネルギーの利用が不可欠である。一方、水素は化石資源からだけでなく、再生可能エネルギーを含むあらゆる一次エネルギーから製造可能である。すなわち、再生可能エネルギーを源として水素を製造し、利用後に生成した水を、膨大に自然循環している水に戻すエネルギーシステムは、原理的に地球環境に影響を与えない究極的なエネルギーシステムと考えられる。さらに、水素エネルギーは燃料電池で電気エネルギーに変換でき発電効率が高いため、燃料電池の利用は省エネルギーにつながる。なお、再生可能エネルギーが電力に変換される場合は、できるだけ電力のまま直接利用することが好ましいが、電力輸送は送電ロスが伴うため石油や天然ガスのように大規模に長距離輸送することが現状では困難である。

従って、直接利用できない“再生可能エネルギーの「貯める」・「運ぶ」”を行うエネルギーのキャリアとして水素が重要な候補となる。水素エネルギーの普及には、石油や天然ガスのような大規模な貯蔵輸送が必須であるが、水素に関する大規模貯蔵輸送技術はこれまで確立されていなかった。当社では、水素を大規模に貯蔵輸送する際の潜在的なリスクを従来のガソリンと同様のレベルにまで低減できる有機ケミカルハイドライド（Organic Chemical Hydride：ＯＣＨ）法に着目して開発を行い、２０１４年に技術的な確立を完了して実用段階に移行している。本稿では開発した技術の概要と応用技術開発の現況、および将来に向けた展開について紹介する。

ＳＰＥＲＡ水素システムの概要

（1）有機ケミカルハイドライド（ＯＣＨ）法

水素は天然ガスの主成分のメタンと比べると、質量あたりの体積が約８倍もあり、「貯める」「運ぶ」が難しい物質である。メタンはマイナス１６３℃に冷却すると約６００分の１の体積の液体となり、天然ガスは液化天然ガスとして大型タンカーで輸送されている。一方、水素はマイナス２５３℃に冷却すると体積が８００分の１の液体となるが、メタンの場合より約９０℃もの低温が必要となる。

ＯＣＨ法では、水素をトルエンなどの物質と化学反応させて別の物質に一旦変換することで、分子内に水素原子を取り込んだメチルシクロヘキサン（ＭＣＨ）などの液体化学品として、常温･常圧で大規模に貯蔵･輸送を行い、利用場所で脱水素反応を行って水素を取り出す方法である。**図1**（次ページ）に本法の全体工程を示す。

岡田　佳巳／おかだ よしみ

（技術開発ユニット 兼 水素チェーン事業推進ユニット 技師長）

1986年　横浜国立大学院エネルギー材料専攻修了
同年　千代田化工建設株式会入社
2005年　博士（工学）
2006年　R&Dセンター 触媒開発２グループ・リーダー
2012年　R&Dセンター技師長
2013年より現職

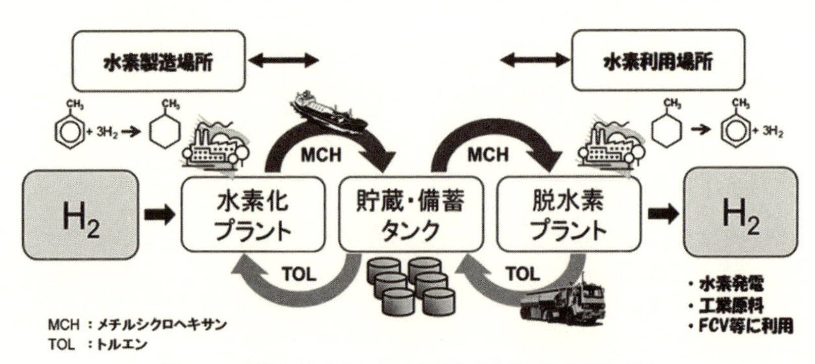

図1　有機ケミカルハイドライド法の全体工程

本法は次のようないくつかの特長を有している。第一に、本法は水素をそのまま貯蔵･輸送するのではなく、液体化学品に転換して行うため、より安全性が高い方法である。水素は爆発性の気体であることから、そのまま大規模に貯蔵･輸送することは潜在的なリスクが高い物質である。本法によれば、ガソリンや軽油の成分であるトルエンやＭＣＨ等の芳香族化合物を利用することで、水素エネルギーを大規模に貯蔵・輸送する際のリスクを、長年利用されてきたガソリンや化学品を大規模に扱う際のリスクにまで低減できる。

第二に、本法では水素を約５００分の１の体積のＭＣＨとして液体化でき、常温・常圧の条件で大規模貯蔵・輸送が可能である。

第三に、本法で利用するトルエンとＭＣＨはともにガソリンや軽油の

会社概要

千代田化工建設株式会社

所在地（本社）：
〒220-8765
横浜市西区みなとらい 4-6-2
TEL：045-225-7777

代 表 者：代表取締役社長　澁谷　省吾
設　　立：1946 年 1 月 20 日
資 本 金：433 億円
（2016 年 3 月 31 日現在）
従業員数：5866 人（連結）1573 人（単体）
（2016 年 3 月 31 日現在 日現在）

成分で工業溶剤などとして大規模に利用されている実績がある化学品である。トルエンは接着剤の溶剤などとして、古くから汎用の工業溶剤として広く利用されているほか、ＭＣＨは修正ペンの白インクなどの溶剤として文房具にも利用されている。また、トルエンとＭＣＨは、石油関連製品として大量生産されており、ケミカルタンカーによる大規模な海上輸送や、ローリーや貨車による陸上輸送が実用化されているほか、その貯蔵・輸送に関する安全基準などが整備されている。また、既存の石油製品向けのタンクやタンカー、ローリーなどの石油系流通インフラを新しい水素社会のインフラに転用でき、水素社会に移行する社会コストを低減できることが挙げられる。

ＯＣＨ法は、既に１９８０年代にカナダのケベック州と欧州１２カ国によって遂行されたユーロ･ケベック計画で提案されていた方法である。この計画は、カナダの豊富な水力電力を利用して水電解により水素製造を行い、大西洋を海上輸送して欧州で利用する壮大なものであった。このプロジェクトでは、水素の貯蔵・輸送方法として液化水素法、液体アンモニア法とともに、当時はＭＣＨ法と呼ばれていたＯＣＨ法があげられていた。３法とも液化してタンカー輸送する方法で、液化水素法はマイナス２５３℃に冷却液化してタンカー輸送、液体アンモニア法はマイナス３３℃に冷却した無水のアンモニアをタンカー輸送する方法である。一方、ＯＣＨ法はＭＣＨから水素を取り出す脱水素触媒の寿命が、当時は１～２日であったため触媒開発が進められたが工業レベルに至らず、ＯＣＨ法以外の方法も実用化しないまま計画は終了していた。

(2) 脱水素触媒の開発

当社では、天然ガスの次に期待される水素関連プロセス技術の重要性に基づく経営陣の要請によって、本システムの実用化の鍵となる脱水素触媒開発に２００２年に着手している。脱水素触媒の寿命が短い理由は、反応が進行する触媒表面に分散された活性金属の白金粒子の表面が、原料や生成物の分解反応の副反応で生成する炭素質で覆われてしまう炭素析出（コーキング）と呼ばれる現象によることが既に知られていた。これをふまえて、開発課題は顕著な炭素析出を抑制して連続1年以上にわたって、収率95％以上を維持できる触媒寿命を確保することとした。この触媒開発には7年の期間を要している。開発された触媒は、ほぼすべての白金粒子のサイズを1nm（ナノメートル）以下の世界最小レベルに小さくして、アルミナ担体に分散させた新規な脱水素触媒である。

これにより、実験室レベルでの触媒開発は完了したが、通常の化学プロセスの大型装置では数十トンの触媒が必要なため、開発触媒の工業的な製造・調達体制を整えるまでにさらに2年間を要している。

（3）技術実証

2011年に開発触媒の工業的な製造・調達体制が整い、パイロット・プラントを建設、技術確立を目的とした実証デモンストレーションを行う技術実証プロジェクトへの投資が当社内で決定された。既存技術をもとにした水素化反応プロセスと開発触媒を用いた脱水素反応プロセスの設計による開発が遂行され、実証デモ装置は2014年年明けに完工し、官庁検査・試運転を経て同年4月より稼働した。同年5月には設計どおりの装置性能が確認されて成功に至っている。また、この開発技術は“SPERA水素®”システムと命名された。“SPERA”とはラテン語で”希望”を意味する言葉である。

その後、実証デモンストレーション運転を2014年11月までの期間に延べ約1万時間にわたって行い、実用化に必要な各種のデータ取得を完了した。また、この間に4300名以上の内外の方々に見学をいただいている（2016年8月現在）。**図2**に実証装置の写真を示す。

(a) 反応セクション

(b) 貯蔵セクション

図2　実証デモンストレーション装置

将来に向けた技術開発

確立した上記の技術は、次に述べるように広範な適用可能性を有している。現在、応用開発として次の４件について、新エネルギー・産業技術総合開発機構（ＮＥＤＯ）の研究開発プロジェクトとして受託・遂行している。

①水素サプライチェーンの実証

２０２０年の東京オリンピック・パラリンピックの開催年に合わせて海外で発生する副生水素を日本に海上輸送して、天然ガスに混合した燃料を利用してガスタービン発電を行うプロジェクトである。この段階では商業的な水素需要が少ないと予想されることから、小規模な水素サプライチェーンの実証の位置付けである。水素・燃料電池戦略ロードマップでは、２０２５年ごろまでに水素の火力発電燃料としての利用を開始して、２０３０年頃から本格的な導入を目指すとしているほか、本年５月には次世代火力発電技術ロードマップに水素発電が盛り込まれ、最初は技術的なハードルが低い天然ガス／水素混焼発電から開始するとしている。これより、本ＮＥＤＯプロジェクトの成功によって、水素を大型火力発電所で利用するプロジェクトの速やかなスタートが期待される。

②再生可能エネルギー貯蔵輸送システムの開発

日本版Power to Gas プロジェクトともいえる技術開発である。風力ファームの変動する電力の出力パターンを模擬した電力信号をアルカリ水電解槽に与え、生産量が変動する電解水素をＭＣＨに転換を行って、大規模に貯蔵輸送する効率的なシステムの開発を進めている。再生可能エネルギーと水素による大規模なエネルギーシステムを可能な限り早期に、可能な限り効率的に行える技術の確立を目指すプロジェクトである。

③水素ステーションの開発

２０２０年以降の水素ステーションの全国配備に有利な本技術を適用した水素ステーションの開発である。当面の間、水素ステーションは四大都市圏に設置されるが、その後は水素ステーションの全国展開が必要となる。特に、水素源から１００ｋｍを超える陸上輸送が必要な地域、あるいは船舶による水素輸送が必要な離島などを対象とした場合、従来の水素ステーションに比べて取り扱いが容易であり、１台のトラックで輸送できる水素量や水素ステーションの１カ所あたりの貯蔵量が高い特長を有する本法による水素ステーションは大きな役割を果たせるものと期待できる。開発要素としては、脱水素反応システムの小型化が重要となる。

④膜分離型脱水素反応器の開発

中小規模の水素供給ハブにも対応できるコンパクトな脱水素反応器を目指した膜分離型脱水素反応器の開発を（公財）地球環境産業技術開発機構（ＲＩＴＥ）と共同で遂行している。膜分離反応器とは、脱水素触媒が充填された反応管内に、水素を選択的に透過する分離膜が挿入された二重管構造によって、生成した水素が触媒層から速やかに系外に除去されるため、ＭＣＨの利用率の向上や反応温度の低下といった効果が得られる反応器である。

まとめ

これまでに、当社では水素の大規模貯蔵輸送技術の確立を完了し、その実用化に向けた検討を進めている。また、確立した技術は広範な応用可能性が考えられることから、上述のＮＥＤＯによる研究開発プロジェクトとして応用技術開発を遂行している。当社は、水素・燃料電池戦略ロードマップを指針として、本稿で紹介した技術開発とその実用化によって低炭素なスマートコミュニティの構築と水素関連産業の振興に貢献したいと考えている。

◆東京ガス株式会社

再生可能エネルギーとの共存を目指したまちづくり
～綱島サスティナブルスマートタウンの事例～

ソリューション技術部スマエネエンジニアリング
グループマネージャー　進士　誉夫 氏

エネルギー自由化時代の諸課題

２０１６年4月より電力の完全自由化が実施され、２０１７年にはガスの完全自由化が控えているが、このような大きな変化を踏まえ下記のような観点でエネルギー業界全体がその在り方を問われる時代となっている。

（１）再生可能エネルギーとの共存

２０１１年からの固定価格買取制度により太陽光発電を中心とした再生可能エネルギーの導入は急速に進み、太陽光発電の認定容量は約８０ギガワット、日本全体の系統容量の１／２に迫る規模となっている。しかしながら、電力系統の容量制約によってその接続可能量には限界があり、今後さらなる再生可能エネルギーの導入を進めるために太陽光発電の出力抑制機能の検討が進められている。

（２）エネルギーレジリエンシーの確保

わが国の電力供給信頼度は世界でもトップクラスに位置付けられる

が、それが故に停電が生じた場合に、都市の機能の脆弱性が現れる可能性がある。従って、都市の中に発電設備を有し、都市機能継続のために必要な施設に対しては、停電時も電力を供給できるようなシステムを構築することが重要である。また、都市機能継続のためには電力供給だけでなく、熱供給、水の供給も含めて総合的なインフラストラクチャーの構築が必要である。

（3）デマンド・レスポンスの実現

電力の完全自由化および再生可能エネルギーなどの発電の多様化を踏まえ、「需要側・供給側を一体的に捉えた柔軟なエネルギー需給構造の構築」が求められている。具体的には需給バランスを従来のように供給側のみで行うのではなく、供給側の制御すなわちデマンド・レスポンスを実現することが必要である。そのためには情報通信技術（ＩＣＴ）を活用したデマンド・レスポンス実現のための情報通信プラットフォームを構築することとともにネガワット市場などの環境整備も重要である。

東京ガスではこれらの課題に対応し、エネルギーの供給にとどまらず、そのマネジメント、価値の創造をお客様にお届けすべく、スマートエネルギーネットワークによる先進的なまちづくりに取り組んでいる。本稿では現在建設中の綱島サステイナブルスマートタウンの事例を具体的に紹介する。

進士　誉夫／しんじ　たかお

（ソリューション技術部スマエネエンジニアリンググループマネージャー）

1987年　東京大学工学部電子工学科卒業
東京ガス株式会社入社、コージェネレーションの技術開発、制度対応に従事。
2008年～　スマートエネルギーネットワーク関連の業務に従事。
2016年4月　現職。
博士（工学）・技術士（電気電子部門）。

綱島サステイナブルスマートタウンにおけるまちづくり事例

（1）概要

綱島サステイナブルスマートタウンは

・スマート商業施設
・スマートタウンマネジメント施設
・スマート技術開発施設
・スマート集合住宅

からなる多用途施設と集合住宅が連携した次世代都市型のまちであり、都市型エネルギーマネジメントシステムで安定供給とコスト、CO_2排出量削減を目指している。

（2）タウンエネルギーセンター

タウンエネルギーセンターは綱島サステイナブルスマートタウンのまち全体に低炭素で災害に強いエネルギーを供給する。以下その構成要素を記す。

会社概要

東京ガス株式会社

所在地（本社）：
〒105-8527
東京都港区海岸1-5-20
TEL：0570-002211（ナビダイヤル）

代 表 者：代表取締役社長　広瀬　道明
設　　立：1885（明治18）年10月1日
資 本 金：1418億円
（2016年3月31日現在）
従業員数：7973人
（2016年3月31日現在）

・ガスエンジンコージェネレーションシステム

クリーンな都市ガスを燃料に用い、需要場所（オンサイト）で電気を作り、同時に発生する廃熱を冷房・暖房・給湯に有効利用するシステム。

ガスエンジンの駆動力により発電機を駆動し、その発電電力をまち全体に供給する。電力会社からは特別高圧の電力を受電し、その電気系統に発電機が接続され、電力系統からの受電電力とガスエンジンコージェネレーションシステムの発電電力は同一の系統にて使用される。ガスエンジンコージェネレーションシステムからの廃熱は暖房・給湯に利用されるのはもちろん、ジェネリンク（次項参照）を通じて冷水を生成し冷房に使用することにより、通年で廃熱を有効に利用できる。

・ジェネリンク

ガスエンジンコージェネレーションシステムから発生する廃熱を利用して冷水を生成する装置。ガスを燃料としても冷水を生成することができる。

・停電時対応

災害に強い中圧ガス管からのガス供給と停電時にも運転可能なガスエンジンコージェネレーションシステムの発電により、停電時にも電力を供給可能。電力はもちろんガスエンジンコージェネレーションシステムの廃熱やガス熱源機により熱の供給も可能。

・再生可能エネルギー

まち全体には数カ所に太陽光発電が設置されており、各施設への電力供給と低炭素化に貢献している。

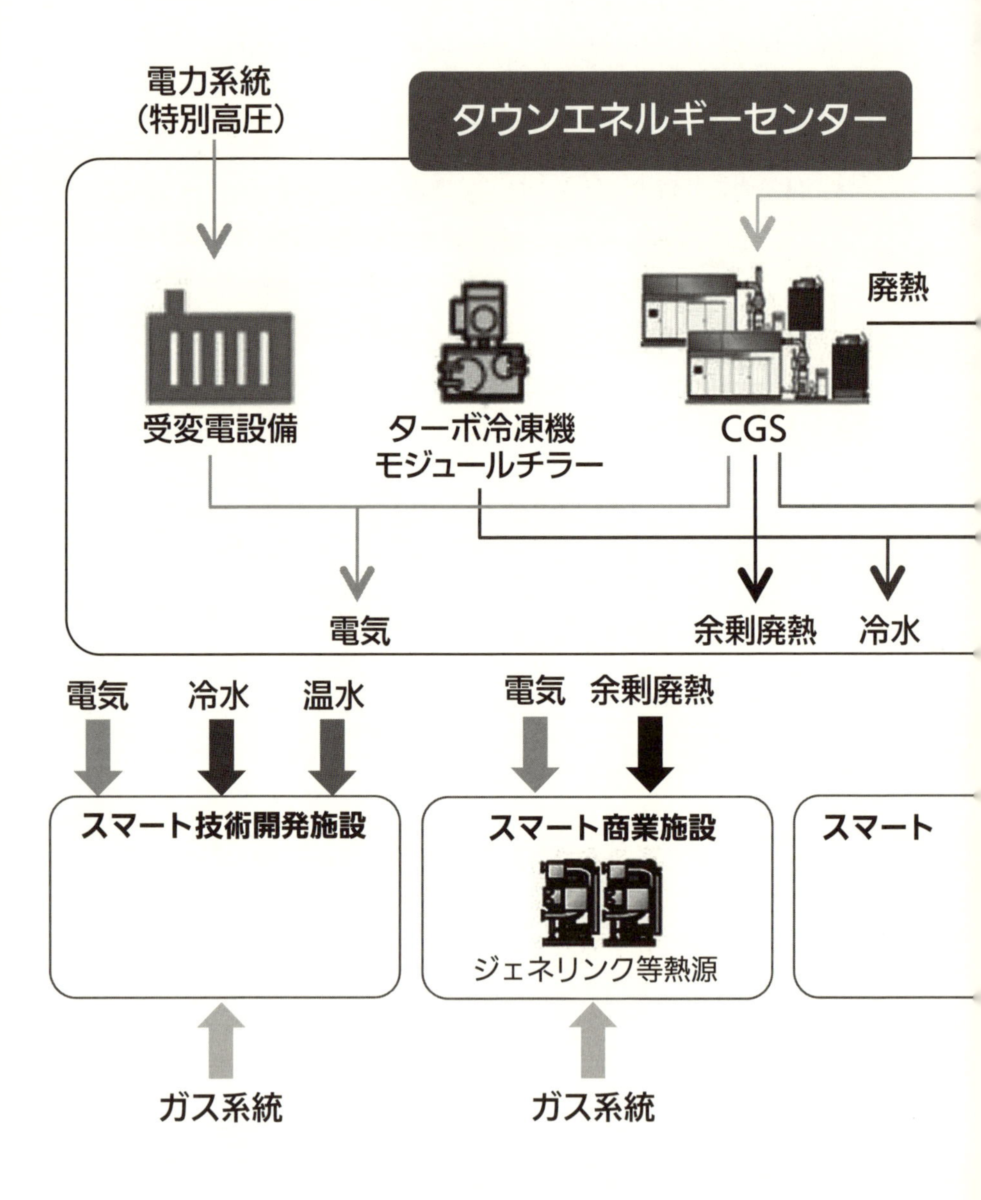
電力系統
（特別高圧）
タウンエネルギーセンター
廃熱
受変電設備
ターボ冷凍機
モジュールチラー
CGS
電気
余剰廃熱
冷水
電気
冷水
温水
電気
余剰廃熱
スマート技術開発施設
スマート商業施設
ジェネリンク等熱源
スマート
ガス系統
ガス系統

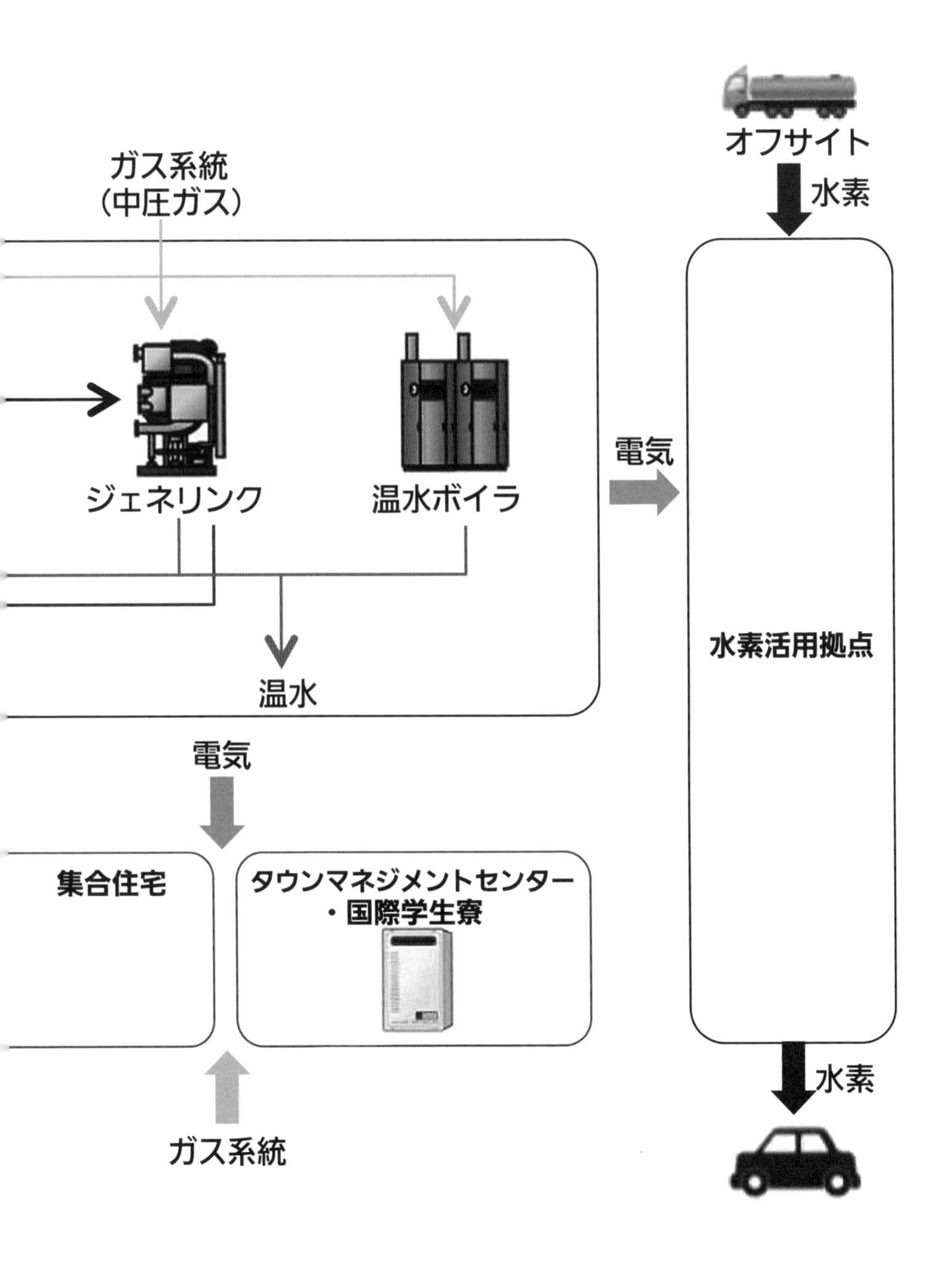

オフサイト
水素
ガス系統
（中圧ガス）
ジェネリンク
温水ボイラ
電気
温水
水素活用拠点
電気
集合住宅
タウンマネジメントセンター
・国際学生寮
ガス系統
水素

タウンエネルギーセンター

（３）エネルギーサービス

エネルギーサービスのサービスコンセプトは「多様なエネルギーをいつでも賢く分け合うまち」であり、下記のようなサービス内容を構想中である。

- **さまざまなエネルギー源をまち全体で最適化するエネマネ**
- **各施設の先進的な創・蓄・省エネシステム**
- **非常時における必要最小限の電力と熱と水の供給**

今後の方向性

原子力発電の運用、再生可能エネルギーの大量導入時の安定供給の確保、CO_2削減、エネルギー完全自由化のもとにおける予備力の確保など現在および今後のわが国のエネルギーに関する課題は枚挙にいとまがない。これらの問題の解決に向けて重要なことは、従来、エネルギー供給者が中心となって問題を解決してきたのに対し、今後は、エネルギー供給者・エネルギー消費者一体となって問題を解決していかなければならないことである。

今回、ご紹介した綱島サステイナブルスマートタウンはタウン内の各施設がエネルギー供給者でありエネルギー消費者でもあって、タウン内でのマネジメントがその鍵を握る将来のエネルギーシステムの縮図ともいえるスマートコミュニティである。

今後、このようなスマートコミュニティを地方都市も含め広く展開していくことが求められている。

今回はエネルギーマネジメントに焦点を当ててご紹介したが、社会におけるスマートコミュニティはエネルギー関連の課題のみならず少子高齢化などの社会的課題の解決も期待され、多面的な価値の創造が必要になる。

東京ガスグループでは、今まで培ってきた安心・安全のエネルギーシステムに加え、お客様のニーズに寄り添ったまちづくりを地域の皆さまとともに取り組んでいく。

◆東京メトロ（東京地下鉄株式会社）

海外展開を通じて、新たな成長に挑戦していく

鉄道本部ハノイ市都市鉄道整備事業
支援プロジェクトチーム担当副部長　長谷川　收良氏

「東京メトロに学べ」――。ベトナム・ハノイ市都市鉄道幹部がよく使うフレーズだ。東京地下鉄（以下、東京メトロ）鉄道本部・長谷川收良ハノイ市都市鉄道整備事業支援プロジェクトチーム担当副部長は「これは、２０１３年３月にハノイ市長が『ハノイに東京メトロのような会社を作りたいので、協力してほしい』と話していただいたおかげなのです」と語る。

そもそも同市に都市鉄道導入が正式表明されたのは２００８年。２０３０年を目途に、全体で９路線の都市鉄道（高架鉄道・地下鉄道）の建設事業が予定され、このうち、２号線、２Ａ号線、３号線の全体運営は同市が担うことになっていた。だが、同市には都市鉄道の運営に関する知識や経験が不足していたため、運営・維持管理する組織の設立において、２号線を日本、２

ハノイ市での風景

市民の移動手段の大半は原付バイク。公共交通は、バスが中心で、地下鉄など都市交通は未整備の状況になっている。

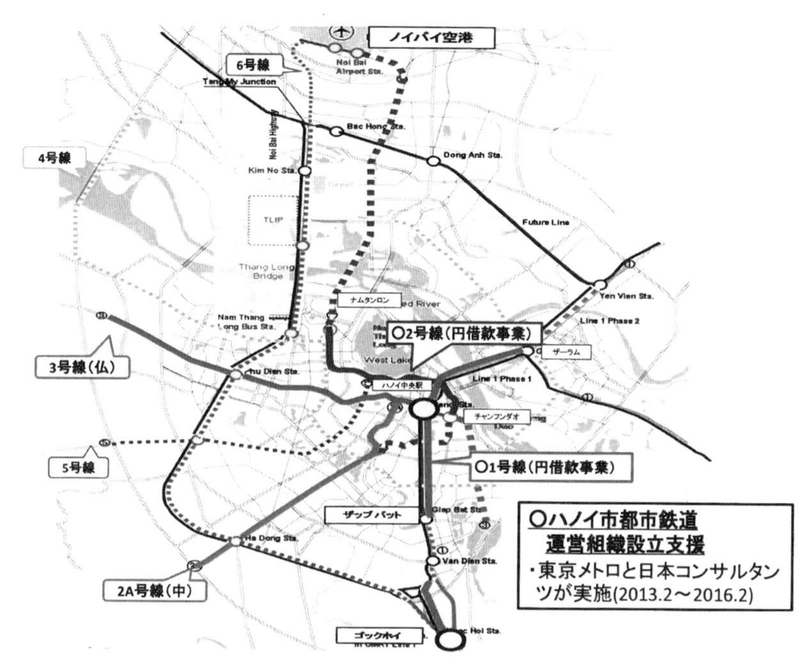

ハノイ市の都市鉄道整備計画

A号線を中国、３号線をフランスが支援するスキームになった。

日本側は、ベトナム交通運輸省と同市に対し「各路線を一元的に管理する運営組織の設置が望ましい」と提案。この提案に基づき、東京メトロは現在の管理状況を説明するとともに運営組織設立に対する技術協力も表明した。２０１３年３月に定められた東京メトロ中期計画「東京メ

長谷川　収良／はせがわ　みちよし

（鉄道本部ハノイ市都市鉄道整備事業支援プロジェクトチーム担当副部長）

1994 年　早稲田大学法学部卒業後、
帝都高速度交通営団（現　東京地下鉄株式会社）入社
2003 年　人事部労務課　課長補佐
2005 年　運輸営業部管理課　課長補佐
2007 年　秘書室　課長補佐
2010 年　鉄道本部運転部　運転企画課長
2012 年　広報部　国際担当課長、鉄道本部鉄道統括部　海外鉄道技術担当課長
2013 年　広報部　国際担当課長、鉄道本部鉄道統括部
海外鉄道技術担当課長、鉄道本部ハノイプロジェクトチーム担当課長
2016 年　経営企画本部国際業務部課長、鉄道本部ハノイプロジェクトチーム担当副部長

ハノイ市都市鉄道の運営・維持管理会社が実務を開始できるよう、以下の協力を行う。
・運営・維持管理会社の設立
・鉄道運営に関わる部門の設立（営業部門、列車運行部門、車両保守部門など）
・運行計画・安全管理システムの構築

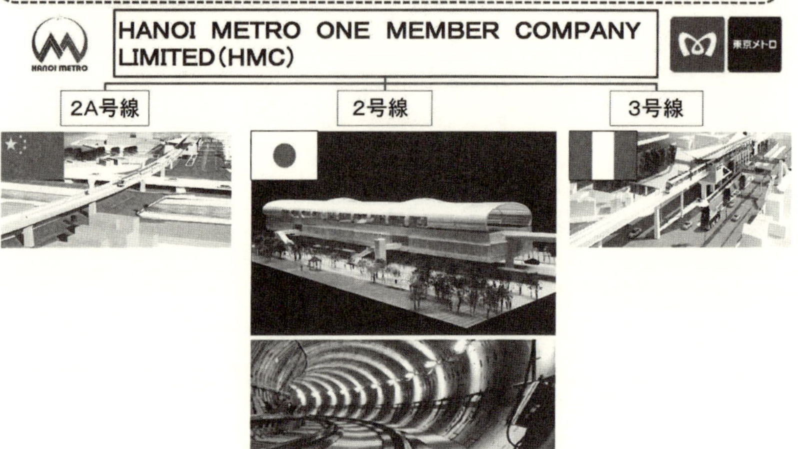

ハノイ都市鉄道運営組織設立支援のスキーム

トロプラン２０１５～さらなる安心・成長・挑戦～」には、新たなる挑戦として、重点施策に「海外への展開」が明記され、ハノイ都市交通プロジェクトに本格的に乗り出した。

東京メトロの高い鉄道技術やノウハウに大きな期待

近年、都市人口の増加に伴う交通需要の増加や環境問題への関心の高まり、都市間輸送における自動車競争力の低下などを背景に、世界各国で高速鉄道や都市鉄道を整備する動きが顕著になっている。都市鉄道の

会社概要

東京地下鉄株式会社

所在地（本社）：
〒110-8614
東京都台東区東上野三丁目19番6号
TEL：03-3837-2111（代表）

代表者：代表取締役社長　奥　義光
設　立：2004年4月1日
資本金：581億円
従業員数：9289人
（2016年3月31日現在）

2007年 3月	JICAが都市交通を含むベトナム･ハノイ市の都市開発マスタープラン「ハノイ市総合都市開発計画調査」を策定。 ベトナム政府からも「運輸交通マスタープラン」が策定される。
2008年 7月	ベトナム首相が、「運輸交通マスタープラン」を承認。ハノイ市都市鉄道プロジェクトの事実上のスタート。
2011年	ハノイ市都市鉄道運営管理組織設立に向けた「都市鉄道運営設立支援に向けた準備調査業務（SAPI）が開始される。
2012年 3月	ハノイ市長が「東京メトロのような会社を作りたい」と正式表明。
2013年 2月	「ハノイ市鉄道規制機関強化および運営組織設立技術支援プロジェクト」（TA）業務を受注。当初2年間の契約。
3月	東京メトロハノイ駐在事務所開設。
2014年 11月	東京メトロ、ハノイ市都市管理委員会と署名式を開催し覚書を締結。
2015年 2月	TA業務契約が2016年2月24日まで1年間延長される。
6月	ハノイメトロカンパニー（HMC）が設立。 なお、同年に開通予定されていた都市鉄道2A号線は延期になった。
2016年 1月	ＨＭＣと友好と協力のための覚書を取り交わし、今後も幹部交流や技術支援を行うことを合意。
2023年	ハノイ市都市鉄道2号線開通予定。

ハノイ市都市鉄道運営・維持管理会社（ＨＭＣ）設立までの流れ（時評社編集部まとめ）

建設計画は、新興国を中心に世界で２００件以上のプロジェクトが進んでいると言われる。ＵＮＩＣＥＦのレポートを基にした経済産業省の資料によると、都市鉄道の市場規模は２０２０年には２０．４兆円と試算されている。

しかし、鉄道の整備が不十分な新興国では、鉄道の運行会社そのものが存在しないケースがしばしば見られる。ハノイの場合も同様で、市民の移動は、大半が原付バイク。公共交通はバスが中心で、交通渋滞や深刻な大気汚染などが顕在化し、市当局側も早急な都市鉄道の建設を計画したわけだ。

東京メトロは、ノイバイ国際空港から紅河（ホン川）を渡り、市内

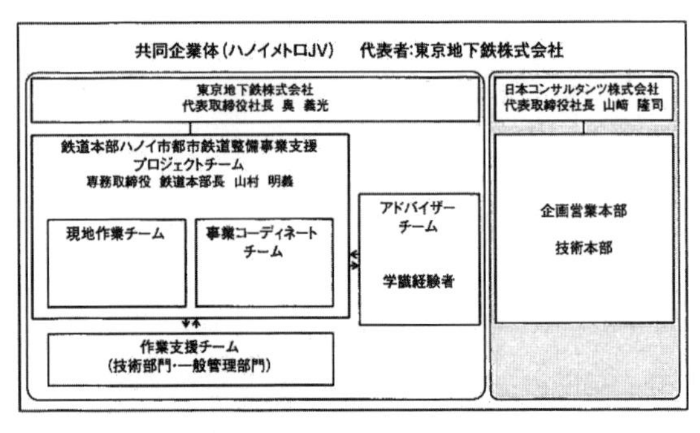

ハノイ市で実施された企業共同体推進体制

中心部までの３５．２ｋｍの路線として計画されている２号線の第１期工事分１１．５ｋｍの区間の建設総合コンサルティング業務に鉄道事業者としての立場で参加した。長谷川副部長は「運営管理組織の本社機能や現場事務所設置のノウハウも一から説明する状況にあった」と指摘する。「当社は、グループ内に車両メーカーやコンサルタント事業を持っていません。ただし、東洋初の地下鉄を９０年以上継続してきた実績を踏まえ、都市鉄道において大切なことをまず伝えていこうと考えました」と振り返る。

２０１１年には、同市における都市鉄道運営管理組織設立に向けた計画づくりを目的に「都市鉄道運営会社設立支援に向けた準備調査（ＳＡＰＩ）」業務がスタート。同業務の主な内容は、運営管理組織設立に必要な情報の整理・分析、関係法規・手続き、運営組織の枠組の策定、運営組織設立までのスケジュール作成などで、実際に、複数路線の運営・管理を行っている東京メトロのノウハウをベースに、各路線建設事業での要員計画や教育訓練計画なども立案された。

海外鉄道への参画が企業価値向上（成長）につながる

こうした準備期間を経て、ベトナム国ハノイ市鉄道規制機関強化および運営組織設立支援プロジェクト（ＴＡ）業務が開始された。ＴＡ業務は、同市において各路線の運営管理組織設立と監督機関の機能強化を目指し、①運賃・補助金決定システムの構築、②運行計画・安全管理システム構築、③運営・維持管理会社の設立、④鉄道運営に関わる営業部門

署名式でハノイ市都市鉄道幹部と覚書を取り交わす奥義光東京地下鉄代表取締役社長（左）

や列車運行部門、車両保守部門など組織の設立——などの具体的業務を行った。

東京メトロは、ＪＲ東日本傘下で海外鉄道事業の経験が豊富な日本コンサルタンツ（東京･千代田区）と共同で、国際協力機構（ＪＩＣＡ）発注の案件を３億円で受注。同社の海外ビジネスとして、同市３路線を一元的に管理する運営組織の設立支援を本格化させた。

ＴＡ業務の受注に合わせ、鉄道本部内に専門組織として「ハノイ市都市鉄道整備事業支援プロジェクトチーム」が設置。山村明義専務取締役鉄道本部長を筆頭に、現地作業チーム１０人、国内で業務を手掛ける事業コーディネートを担当する作業支援チーム５人をメンバーに構成している。同時に、外部から森地茂政策研究大学院大学特別教授を中心に学識経験者からもサポートを受けるアドバイザーチームを置いた。

ＴＡ業務推進のため、市内に現地事務所を開設。同年、３月１日に開催された現地事務所開所式では、奥義光代表取締役社長が出席し「私たちの経験を生かしてハノイ市に適した運営会社を設立するとともに、ハノイ市の皆さんが自らオペレーションとメンテナンスを継続できるよう、幹部の養成も一緒に行い、ハノイ市都市鉄道管理委員会の良きパートナーとして努力していきたい」と決意を述べた。

ＴＡ業務では、運営・維持管理会社の基礎固めとして、東京メトロの組織やベトナムの法令に照らし合わせ、新会社に設置する各部門の業務分掌や規定類の整備などのミーティングをハノイ市都市鉄道管理委員のメンバーと共同で開催した。また、東京メトロの施設見学や業務従事体系を柱にした研修も行い、長谷川副部長は「総合指令所や研修センター、

ＰＡＳＭＯなどのＩＣカードシステム、ショッピングモールを併設した駅ナカ事業など多岐にわたって、好評でした」と総括する。何より、朝夕のラッシュ時間における整列乗車の仕組みは、ハノイ市視察団から「驚きと称賛の声が寄せられた」とほほ笑む。確かに、外国人の目線からすれば、日本の整然とした整列乗車の仕組みは、驚きに値するだろう。整列乗車がきちんと機能することで、スムーズに乗降でき、結果として遅延なく鉄道が運行できる。だが、長谷川副部長は「当社に限らず、都市交通を支える日本の鉄道会社は皆、同じだと思うが」と前置きした上で、「あの仕組みは、まさにお客さま、日本の乗降客といっしょに構築したシステム。日本が誇るスマートインフラと言えるでしょう」。

研修は、ベトナムにおいても実施され、例えばベトナム日本人人材協力センターで会社設立後の業務運営がスムーズに実施できるようなプログラムが組まれた。また２０１３年から１４年にかけて、都市鉄道に関するセミナーをハノイで開催。ベトナム国政府、同市鉄道関係職員に対し、都市鉄道に対する啓発と理解を深めた。こうした知識の醸成をベースに、都市鉄道の規制機関、運賃政策、列車運行計画などにも着手。長谷川副部長は「こうした研修の積み重ねは、当然、ハノイ市にとっては重要なミッションになります。ただし、実は当社にとっても大きなノウハウの蓄積になっているのです。ゼロに等しいところから鉄道事業を立ち上げて、外国で都市鉄道を作り上げる過程と地道な研修作業の裏側に、当社の財産になるものが非常に多く含まれているのです」と海外事業の意義を強調する。

確かに、東京オリンピック・パラリンピックを目前に控え、外国人からの視点を取り入れていく必要に迫られているのは、東京メトロと言えるのかもしれない。「こうした状況をチャンスと捉え、世界一の地下鉄事業者として、当社の存在を高めていくことが、企業価値向上（成長）の一つになると確信しています」長谷川副部長は力を込める。

海外鉄道事業の新たな展開に向けて

２０１４年１１月にベトナム国政府およびハノイ市政府に運営・維持管理会社設立が承認され、２０１５年６月の会社定款の承認により、登記に関わる準備が完了、新会社「ハイメトロカンパニー」（ＨＭＣ）がついに設立された。業務運営開始後は、作成した規定類や制度などが実際に稼働しているかどうかの検証も実施した。

ＴＡ業務についても、当初契約では、２０１３年２月２５日から２年間の予定だったが、１６年２月２４日まで１年間延長されることになった。これはハノイ市で最初に開業する中国支援の２Ａ号線の完成が延期され、会社設立も２０１５年４月以降になったためだ。２０１４年２月１８日には、東京メトロは、ハノイ市都市鉄道管理委員会と相互の理解と友好の絆を強め、同市の都市鉄道事業の発展に寄与するために署名式を開催し相互の友好・協力に関する覚書を締結した。その後、ＴＡ業務終了直前の２０１６年１月１５日にHMCと友好と協力のための覚書も取り交わし、今後も幹部交流や技術支援を行うことを合意している。

長谷川副部長は「ようやく、都市鉄道が稼働するスタートラインに立てたに過ぎない」と気を引き締める。「現地のお客さまはもちろん、ハノイ市の都市鉄道に関わる全ての方々のご協力を得ながら、安全・安心な都市交通が機能してこそ、私どもが参画した責任が果たせると思っています」。

ハノイ同様、ベトナム･ホーチミン、インドネシア･ジャカルタ、フィリピン・マニラでも、都市鉄道プロジェクトは目白押しになっており、同社に対する期待は大きい。長谷川副部長は、「まさに『鉄道は文化だ』と思います。今回は、日本の鉄道の文化をお伝えするのが役割だったわけですが、アジア各都市でも、都市交通を担う各事業体がお客さまと一緒に新しい鉄道文化を構築して欲しいと願っています。私たちも謙虚に、各地域の鉄道文化を学び、成長していきたいですね」と語ってくれた。

◆三浦工業株式会社

世界一安くて良い熱・水・環境商品を提供するために

取締役常務執行役員技術本部長　森松　隆史氏

「世界一安くて良い熱・水・環境商品を世界のお客様に届けよう！」――。愛媛県松山市に本社を構える三浦工業は、日本国内で培った省エネルギーや環境技術を世界に展開し、トータルソリューションの提案活動を通じて、エネルギー問題や環境問題の改善に着実に貢献している。

同社は、１９５９年設立以来、産業用ボイラのリーディングカンパニーとして知られる。同社が開発した「小型貫流ボイラＺＰ型」は、コンパクトで設置スペースが小さい上に、高効率で蒸気を作り出せるコストパフォーマンスに優れた“スマートインフラ”だった。しかし、当時は「大きいことは良いことだ」がうたわれたエネルギー大量消費の時代。資源の少ないわが国も例外ではなかった。ボイラの主流には、寿命が長く水処理が容易な炉筒煙管ボイラ

小型貫流ボイラZP型
三浦工業が1959年に開発。コンパクトで設置スペースが小さく高効率で蒸気が作り出せるのが特長。まさに“スマートインフラ”の先駆けと言えよう。

と高い圧力の蒸気が発生可能な水管ボイラの二つのタイプがスポットを浴びていた。

当時を振り返り、「当社のスローガンは、『世界一安くて良いボイラを創ろう』」でした」と語るのは、森松隆史取締役常務執行役員。貫流ボイラは、炉筒煙管ボイラや水管ボイラに比べ、保有水量が少なく、着火から蒸気発生までの時間が極めて短くて済む。きめ細かな台数制御によって負荷変動に対応できるほか、蒸気圧力、伝熱面積を抑えられるため、ボイラ技師の資格者が不要で、ユーザー側の設置メリットは極めて大きかった。

１９７２年には、業界に先駆け同社ボイラの保守契約制度として、「ＺＭＰ契約」がスタート。ボイラの販売のみならず、定期点検や維持管理を提供し、ボイラが故障、停止する前に修理する仕組み（ビフォアメンテナンス）が同社のサービスとして確立された。「製品を販売するのがゴールではなく、そこからがスタート」と森松取締役は語る。

そしてこの頃、オイルショックが世界を襲い、エネルギー大量消費の時代は終わりを告げる。ボイラの機能にも省エネの用途が大きく求められるようになり、炉筒煙管ボイラや水管ボイラからより省エネ性能の高い小型貫流ボイラにシェアが移っていく。現在、貫流ボイラは、発電事業用途などの大容量タイプを除き、産業用ボイラ市場の約７０％のシェアを誇る。そのうち約５５％は同社製ボイラが占めている。森松取締役

森松　隆史／もりまつ　たかし

（取締役常務執行役員技術本部長）

1987年　熊本大学卒業
同年　三浦工業株式会社入社
2003年　技術部長
2008年　執行役員
2010年　取締役
2016年より現職

1977年当時のMIシステム事例
小型貫流ボイラのメリットを生かし、必要な時に、必要な台数だけ運転して蒸気量を供給する仕組みは、ユーザーからも絶大な支持を受けた。

は、「オイルショック後は、わが国に適した小型貫流ボイラが一躍脚光を浴びました。当社は、日本の発展を支えるいわば裏方として、一定の役割を果たしてきたわけです」と説明する。

１９７７年に同社は、「ボイラ多缶設置ＭＩシステム」を商品化。同システムは、小型貫流ボイラのメリットを生かし、単体効率の高い同ボイラを複数台並べて設置し、必要な時に必要な台数のボイラを運転して蒸気量を供給する仕組みで、ユーザーから絶大な支持を受けた。同システムのコンセプトは、同社の営業戦略上も大きなエポックとして捉えられている。メインユーザーである工場を一つのシステムとして見立て、必要なものを必要なだけユーザーに提案する「トータルソリューションとしての省エネユニットを提案する萌芽になった」（森松取締役）からだ。

ユーザーニーズに基づくトータルソリューションを提案できるのが強み

工場をインフラとして考えると、同社商品は、インフラを“スマート化”させる機能を有している。同社の商品ラインナップには、ボイラ以外にもエアコンプレッサなどの熱電ソリューション機器、地下水・工業

会社概要

三浦工業株式会社

所在地（本社）：〒799-2696 愛媛県松山市堀江町７番地	設　立：1959年
TEL：089-979-7019	資本金：95億4400万円（2016年3月31日現在）
代表者：代表取締役社長執行役員CEO　宮内 大介	従業員数：連結4665人（2016年3月31日現在）グループ　4774人（うち海外1269人）

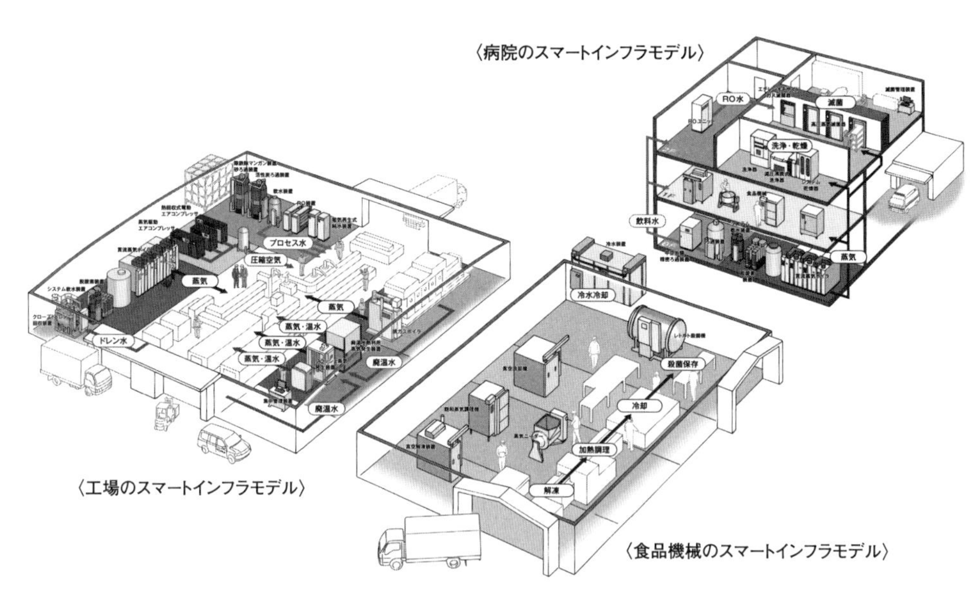

三浦工業が提案する「トータルソリューション」の実例モデル
工場、食品機械、病院と顧客ニーズに合わせて提案できるのが強みだ。

用水を利用した水処理システムなどさまざまな商品が開発されている。

森松取締役は、「ボイラを中心に、他の製品ラインナップと組み合わせ、より効率的な省エネユニットとして提案できるのが当社の強み」と胸を張る。高い技術力に加え、顧客ニーズに基づくトータルソリューションを提案できる同社の営業力が、ユーザーのインフラを“スマート化”させる触媒になっているわけだ。具体的にユーザーのインフラをスマート化させた実績をいくつか挙げてみよう。

まず、国内のガラス工場で、廃熱回収ボイラと蒸気駆動エアコンプレッサを組み合わせ、工場全体のエネルギーを１％以上削減したケースが挙げられる。この省エネシステムでは、廃熱回収ボイラにより溶解炉の廃熱を回収し、蒸気を発生させる。発生した蒸気のエネルギーを動力源に転用する蒸気駆動エアコンプレッサによって圧縮空気を作り、エネルギーの大幅削減を可能にした。

次に、食品・飲料工場の殺菌工程から出る５０℃前後の低温廃水を、７０℃の高温水に加温して再利用している事例も挙げる。ヒートポンプと熱交換器を組み合わせ、一般的なヒートポンプに比べて２倍以上のエネルギー効率の向上を実現。これにより、７０℃の温水を作るために必要な燃料を削減し、省エネに大きく貢献した。

リネン工場のケースでは、蒸気を利用した後に発生する熱水（ドレン）から、低圧の蒸気を取り出し、再び製品の製造工程に供給する事例も見られた。今まで廃棄されていたドレンを蒸気として再利用できるため、ボイラの燃料費の大幅削減が可能になった。設置スペースも従来に比べ２０％削減し、装置のコンパクト化も達成。これらの成功事例に共通するのは、「お客さまのニーズ、問題点を良く聞く」（森松取締役）営業力にほかならない。こうした強い営業力が、「お客さまの省エネ・減電ニーズに応じたカスタマイズ商品を開発する素地にもなる」（森松取締役）と言う。

小型貫流ボイラ開発以来、小型・コンパクトという特長も同社商品に一貫したキーワードと言えるだろう。近年では工場のみならず、病院や福祉施設、飲食店や銭湯からの受注も多く見られるが、小型・コンパクトという特長が高い評価を受けている。現在集合住宅やレストラン、フィットネスクラブなどをターゲットに、「環境に優しく省エネ性に優れた、熱電併給装置『５ｋＷ級ＳＯＦＣ（固体酸化物形燃料電池）ユニット』を開発中だ。発電効率は４８％で、熱は温水として回収。同規模の従来型ガスエンジンコジェネレーションよりも発電効率が高く、電力単価の低減が大きなポイントと言える。熱余りも少なく、熱利用規模の小さなユーザーでも安心して利用でき、次世代型電源としての役割が期待されている。

「開発・製造」、「営業」、「保守・点検」による三位一体の総合力で問題解決を進める

同社がユーザーニーズに基づくトータルソリューションとしてのビジネスモデルを構築できる理由として、森松取締役は「お客さま目線の、

使う立場でものづくりを実践しているからです」と断言する。その言葉の裏には、24時間365日のバックアップ体制を構築し、「開発·製造」、「営業」、「保守・点検」による三位一体の総合力でユーザーが抱える問題解決を進めてきた同社の実績に裏付けされている。

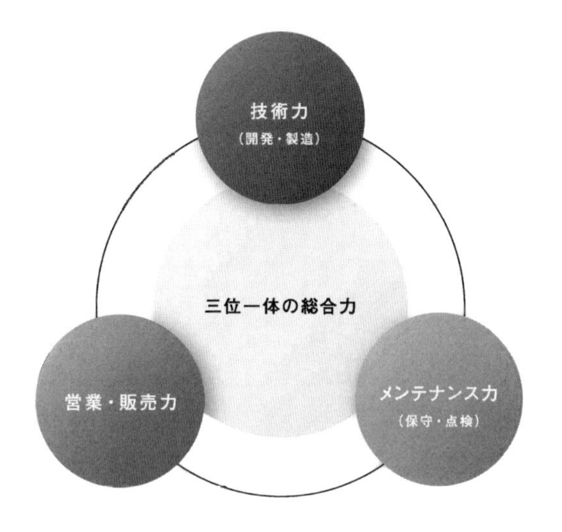

三浦工業が誇る三位一体の総合力
技術力、営業・販売力、メンテナンス力が三位一体でユーザーのインフラをスマート化させることになる。

1989年には、同社とユーザーの機器をオンラインで結び、通信によってメンテナンスを提供するオンラインメンテナンスがスタート。1000人以上のサービスエンジニアを全国約100カ所の営業拠点に展開し､タブレット端末を使って技術資料やユーザー情報を閲覧したり、動画による作業マニュアルの送信など映像による現場支援を実施している。機器自体にもセンシング技術を取り入れ、機器自体が異常を判断してメンテナンス拠点に自動発報する機能やバックアップ運転に移行する機能も取り入れた。こうしたIoTとビッグデータは、ユーザーの省エネ提案やメンテナンス品質の向上に生かされる。だからこそ､やはり「メンテナンスの基本は人」（森松取締役）の姿勢を強調する。と言うのも、適切な処理が行えているかどうかの最終判断は、プロのサービスエンジニアたちの力量に委ねられるからだ。それだけに、サービスエンジニアに求められるハードルは高く、独自の社内資格制度や公的資格制度での体系的なスキルアップなど最新の技能の習得が得られる教育プログラムも徹底されている。森松取締役は「人の教育にはできる限りの投資を惜

しまず、ＩＯＴやビッグデータを活用し、さらに高度なワンストップ・メンテナンスサービスの実現を目指したい」と語る。

日本国内で培った技術とサービス提供を海外でも積極的に展開

同社では、日本国内で培ったボイラを中心とした周辺機器の技術とサービス提供を海外でも積極的に展開している。１９７６年にフィリピンのマニラに駐在所を開設したのを皮切りに、現在、同社グループの海外現地法人は、中国、韓国、台湾、ベトナム、タイ、アメリカ、メキシコなど１３の国・地域に進出。「国内で構築した開発・製造、営業、保守・点検による三位一体の総合力を海外でも発揮したい」（森松取締役）とグローバル展開にも意欲を見せる。

具体事例を個別に紹介すると、例えば、中国においては「空をきれいな青空に変えていこう」と大気汚染問題に全力で取り組んでいる。同国では窒素酸化物（NO_X）による大気汚染が深刻な問題になっているが、その要因の一つに石炭焚きボイラが主流という点が挙げられる。そこで、同社では石炭焚きボイラから環境に優しい天然ガス焚きボイラへ取り替える提案をスタートさせた。メンテナンス分野でも、行き届いたサービスが提供できるように積極的な拠点開発が行われている。

海外工場で稼働する三浦工業のＭＩシステム事例
上は中国、下は北米の事例。近年では環境問題への関心の高さを受けて海外でも同社ボイラが採用されるケースが増えている。

韓国では、１９８２年に韓国三浦工業を設立し、１９８９年には天安工場が操業を開始。同国への営業戦略として、韓国財閥に対する貫流ボイラの採用を徹底させた。こうした戦略が功を奏し、高効率貫流ボイラが徐々に浸透。２０１５年には、３３年にわたり同国の省エネルギー技術をリードしてきた実績と環境問題へのサポートが認められ、韓国大統領から外国企業としては初めて「韓国エネルギー効率大賞」を受賞している。

アメリカでは、同国の主流を占める効率の低い炉筒煙管の大型ボイラから、貫流ボイラのＭＩシステムへの転換を推進している。同国は、世界一環境基準（ＮＯｘ値などの排出規制強化）が厳しいとされているが、その基準に対応できる同社の技術力は高く評価されている。

世界のインフラを“スマートインフラ”にしていくために——。三浦工業は、省エネ技術と環境保全の分野において、世界中のユーザーのベストパートナーになるべく日々研鑽を続けている。

第7章

特別座談会

スーパースマートインフラ革命

川崎重工業株式会社代表取締役会長　**村山　滋**

自由民主党幹事長　**二階　俊博**

東京工業大学特命教授　**柏木　孝夫**

子どもたちの輝かしい未来のために、わが国がより強靭な国土を造り上げるためには何が求められるのか ――。

特別座談会 Part 1 は水素技術、ロボット、高速鉄道に焦点を当てた。Part 2 は鉄道インフラ輸出とりわけ高速鉄道に、Part 3 ではロボットに焦点を当てた。

政府は、経済成長の柱の一つに海外のインフラ整備に５年間で約20 兆円を投資する「質の高いインフラパートナーシップ」を提唱。３氏にじっくりと忌憚のない意見をぶつけ合ってもらった。

水素を使って、まちの電力発電を実現へ

＝地域電源としては世界初。褐炭を活用し実用化の道を目指す＝

柏木　私は、常々、今が日本で成長戦略が具現化するぎりぎりのタイミングだと思っています。国内で地方創生をやって、それをうまくまとめて、都市輸出ぐらいまで持っていけるようになってもらいたい。こうした動きが実現すれば、将来世代にわたってわが国の非常に大きな力になっていくでしょう。

そこで、今回は、インフラをテーマに政界から自民党幹事長の二階俊博さん、民間企業から川崎重工業会長の村山滋さんとで徹底的に議論させていただけるというので楽しみにして参りました。

二階　私も、この座談会を通じて、村山会長や柏木教授のような経験豊富な方々のご意見を拝聴するいい機会だと改めて勉強に参りました。

村山　このような機会を与えていただき、大変光栄です。よろしくお願いいたします。

柏木　二階幹事長は、２０１６年ゴールデンウイークの連休を返上して、中国を訪問されたそうですが、今回のテーマでもあるインフラ面について両国との話はありましたか。

二階　今回は、中国で、日本と中国と韓国３カ国のトライアングルのエネルギー問題を含めたシンポジウムが開催されたので出席してきました。

柏木　テーマはインフラも含まれているのですか。

二階　はい。その通りです。

柏木　出席者は、大臣レベル、国家主席レベルのという話になるわけですか。

二階　正確に申し上げると私を除いては、国家主席経験者が中心になります。

柏木　いやいや、二階幹事長はもう国家主席と同じですから（笑）。

二階　その３カ国の討論会といいますか、座談会のようなものが今回初めて開催されたのです。日本・中国・韓国は、お互いに至近の距離にありますし、「３カ国が協力し合って世界経済に貢献していく、アジア外交を展開する、アジアのために３カ国が何をなすべきかを考える」のは極めて当然のことです。しかし、この当然のことが、ご承知の通り、うまく展開されているかというと、まだまだ考える余地があるわけですね。

柏木　一番うるさいのは中国ですか。

二階　中国も韓国も同じでしょう。日本とて、相手の言うままになるわけでもないから、両国からするとうるさいんですよ（笑）。みんなうるさいと言えるわけですが、そこを考えなきゃだめですね。むしろ、考える方向へ日本がリードしなきゃだめだと思います。席上、私もいくつか提言して参りました。

柏木　提言内容を教えていただけますか。

二階　このたびの熊本地震も踏まえ、私からは防災の問題に対する認識をお話ししました。国土強靭化の観点から今までも国際会議では、わが国の災害対策について申し上げて参りましたが、今回は「毎年１０００人ずつ、世界各国から子どもを日本へ呼ぼう。来てもらって、防災を学んでもらおう」と公表して、これは反響が大きかったです。

柏木　まさにベリー・ウェルカムですね。

にかい　としひろ

1939年生まれ、和歌山県出身。中央大学法学部卒業後、故・遠藤三郎建設大臣秘書などを経て、75年より和歌山県議会議員（2期）。83年衆議院議員に当選し、以後当選11回。90年運輸政務次官（海部内閣）、93年運輸政務次官（細川内閣）、99年運輸大臣・北海道開発庁長官（森内閣）、2005年経済産業大臣（小泉内閣）、06年自民党国会対策委員長、07年自民党総務会長、08年経済産業大臣（福田内閣・麻生内閣）。14年1月自民党総務会長、16年8月より現職。

二階　１０００人の子どもを日本へ呼んでも、すぐ明日から何か利益になるというような話とは全く違います。だからこそ実行する価値があります。今、これをやれるのは日本ですよ。日本は、率先して垂範と言いますか、立派なスタイルを内外に見てもらって、認識してもらって、それで「もう一度、日本を見直してくださいよ」というくらいの決意を示してもいいのではないかと思うわけです。

柏木　今回のシンポは民間の方は出席しておられたのですか。

二階　何人かは出席していましたが、一般の方を募集するというスタイルではありませんでした。

柏木　では、二階幹事長が提言されたスキームを、今度は「民間レベルでうまくシームレスにつなげて、中長期的な視点で外交とビジネス両面につなげてもよい」と、こういう話になるわけですね。

二階　そういうことです。ですから例えば川崎重工業が主催して、世界から子どもたちを招いていただく、とか。民間レベルだと、中国でもそんなことをやれる企業もあるわけですから。

柏木　ある意味では、今のようなお話がインフラ輸出の萌芽（ほうが）になる可能性もあります。政府間と国家主席レベルでまずそういう話を展開して、「若年層まで教育をやる」と。「言うのは簡単だけど、実現する」と、こうおっしゃっておられます。その流れを受けて本来の教育もやりますと。

むらやま　しげる

1950年生まれ、大阪府出身。京都大学航空工学科修士課程修了、川崎重工業株式会社入社。2001年航空宇宙カンパニー技術本部ヘリコプター設計部長、03年理事航空宇宙カンパニー技術本部付、05年執行役員航空宇宙カンパニーバイスプレジデント、08年常務執行役員航空宇宙カンパニーバイスプレジデント、10年代表取締役常務航空宇宙カンパニープレジデント、13年代表取締役社長、16年6月より現職。

世界の子どもたちに防災教育をやりながらわが国の技術も見てもらう。少し長いスパンになりますけど、そもそもインフラ輸出というのは息の長い話ですからね。その点について、村山会長はどのようなお考えですか。

村山　当社も微力ながら留学生の受け入れを行っています。アジア南西部にトルクメニスタンという国があって、同国で肥料プラントの仕事を受注しているご縁から発展しました。話があるまで私自身正直、同国について全く知りませんでしたし、同国も日本のことが分からないというのでお引き受けしました。１期生は卒業されて、「次をまたどうですか」という話もいただいています。当社は、海外に進出して事業展開していますけれども、技術トランスファーという意味では日本に来てもらって、勉強してもらって、それをお返しするという形と、私たちが直接行くという形の両方の方法論があります。しかし、海外でビジネスをしている責任という意味でも、留学生の受け入れについては前向きに対応していきたいと考えています。

柏木　カワサキ・ブランドは海外で、非常に有名ですからね。

村山　オートバイを例にとると海外９５％、国内５％になっています。９５％の内訳としては、アメリカ、ヨーロッパ、それから東南アジア。東南アジアでは一番人気がありますね。東南アジアでは、随分前から当

かしわぎ　たかお

1946年生まれ、東京都出身。70年東京工業大学工学部卒業、79年博士号取得。80年米国商務省ＮＢＳ招聘研究員。88年東京農工大学教授、2007年東京工業大学統合研究院教授、11年より先進エネルギー国際研究センター長、12年より現職。13年東京都市大学教授。経済産業省総合資源エネルギー調査会省エネルギー・新エネルギー分科会長、経済産業省、内閣府の燃料電池評価・助言会議議長ほか、各種審議会委員を歴任。編著書に『2050年への挑戦』、著書に『地球からの贈り物』、『エネルギーシステムの法則』、『マイクロパワー革命』（02年エネルギーフォーラム優秀賞受賞）、『スマートコミュニティ』、『コージェネ革命』など多数。

社の工場を受け入れていただき、こちらも技術を教えてビジネスとして定着してきました。例えばタイは女性が頑張ります。男はあんまり働かない（笑）。ということは、タイで結婚して子どもができた人を働き手として、一番大事にせないかんでしょう。だから、保育所を工場に作りました。それぐらいして、今、完全に向こうのオペレーションでできる体制にしています。

柏木　私は、都市とエネルギーが一体化した開発をすべきだと提唱しています。現在、世界の人口は７３億人です。２０５０年になると、９７～９８億人になると言われていて、もしかすると１００億人になるかもしれません。このままだらだら人が増えたのでは、エネルギーの消費増大につながりますので、国際的にも困った事態になってしまいます。やっぱりコンパクト化をしていかないといけない。コンパクト化するためには、何かトリガーになるもの、つまりゲノムを取り入れる必要があります。女性が集まってくる、夫婦が集まってくるためには、託児所、保育所があれば集まってきますよね。そこから、例えばインフラの間をつなぐ電線とファイバー、ＩｏＴがまちの中に入って、コンパクトにまとまってくると主張しています。

村山　今、はやりの言葉ですね。

柏木　はやりですよね。私、総務省の有識者会議で、「コンパクト＋ネットワークの社会にしていかないと、人口減にあって、エネルギー・環境国家日本というのはなかなか言えない」と申し上げました。すると、先日、新藤義孝・前総務大臣から私に電話がかかってきて、「コンパクト＋ネットワークはすごくいい。気に入ったんで、先生の言葉だけどちょっと自民党のキャッチフレーズに使わせてくれ」とおっしゃるから、「大いにやってください」と申し上げたんです。

繰り返しになりますが、コンパクトにするためにゲノムが必要になる。ゲノムを生かすにはインフラがないと機能しないのです。道路を造ったり、あるいは高速新幹線で結んだり、こういうことをやっていけば、コンパクトとネットワークで社会がつながり、いわゆるコンパクトシティがいくつかでき上がってきます。日本としてはこうしたコンセプトをインフラ輸出みたいな形で大きなビジネスにしていけばよいと思うわけです。川崎重工業は、陸·海·空とみんなやっていますから、まさにプレーヤーとしては打ってつけの会社だと思いますよ。

村山　今、コンパクトシティのお話が出ましたけど、２０１８年に神戸市が、まちの電力を水素で発電する事業を行い、当社もタービン発電所を設置するなど全面参画します。地域電源として水素発電を利用するのは世界初の事業になります。

柏木　神戸市と御社、大林組と関西電力で進められている同市ポートアイランド地区約２５haに電気を供給する事業ですね。主要な温暖化ガスである二酸化炭素（CO_2）の排出量を２割以上削減できる効果があり、メディアでも大きく取り上げられました。燃料電池車（ＦＣＶ）や家庭用燃料電池（エネファーム）で、水素エネルギーは既に実用化されていますが、水素を大量に利用する発電所が普及すれば、水素価格の下落にもつながり産業界からも大きな注目を集めています。そこで

Part１では、水素エネルギーについて議論を掘り下げていくことにいたしましょう。

将来のあるべきエネルギー源として、水素に着目。褐炭を活用し実用化の道を目指す

柏木　石油の社会はもうそろそろ終わりに近づいてきて、ガスや水素の時代になってくると言われています。この要因は先ほども申し上げた環境問題、CO_2の削減が国際的な共通認識となってきたことが大きいわけですが、石油を輸入に頼っているわが国にとっては大きなチャンスとも言えるわけです。そこで、水素インフラの動向について議論を進めていこうと思いますが、まずは村山会長、御社で水素に着目された経緯から簡単にご紹介いただきたいのですが。

村山　当社が水素を考え出したのは、結構古くて、２００７年ごろになります。やはり「将来性のあるエネルギー源として水素が有望では」という視点から水素に着目し始めました。

柏木　読者の皆さんのために補足しますと、そもそも水素は自然界にそのままの姿では存在しません。何かから作り出さなければならないのです。

村山　その通りです。水素が最初から水素として湧いてくればいいのですが、湧いてきません（笑）。電気分解して取り出したのでは、コストがかかって実用化にはおぼつきません。そこで私どもは、石炭のできそこないの褐炭(かったん)に着目しました。

柏木　褐炭は、石炭ではありませんからコストが安い一方、まだ若いから水分が多く、運ぶと勝手に発火するという特徴があります。

村山　褐炭はこれまでは値段もつかないようなものとして認知されてきましたが、「ガス化して水素を取り出したらどうだろう」という発想

から小規模な実証プラントを工場内に造ってみました。褐炭を採掘する地域として、オーストラリア・ビクトリア州のラトローブバレーという峡谷地域に着目しました。同地域は、日本の２４０年分のエネルギーが埋まっていると言われているのですが、柏木教授がご指摘のように非常に取り扱いが難しいわけです。

そこでガス化して水素を取り出して、液化して船に積んで日本へ持って帰ってくるというちょっと壮大なことを思い浮かべました。もし、これが実現できれば水素を大量・安定かつ安価に供給できる可能性が広がるわけです。まず、経済合理性のある褐炭からの水素で供給インフラを整え、将来は再生可能エネルギーの電力を活用して水素を作る――、それくらい規模が整ってくると、水を電気分解して得られる水素に切り替えていくことも現実的な話になるでしょう。

柏木　なるほど。

村山　従って、当社の基礎技術はガス化技術と、もう一つは水素を運ぶ技術と言えるわけです。大量の水素を運ぶためには、気体では無理で液体化しなければなりません。液化すると体積が８００分の１になりますから。ところが、水素の沸点はマイナス２５３℃で絶対零度に近いわけです。だから、その液化する技術が非常に難しくて、今、それができる施設は世界にも多くありません。その技術を取り扱っている岩谷産業に伺っても、「運ぶのは非常に大変だ」ということでした。では、私たちもぜひチャレンジしてみようと社内ファンドで始めたわけです。液化するには、膨張タービンのようなものを使いますが、非常に高回転させる技術が必要になります。私たちには、前述の通りオートバイのモーターサイクルやジェットエンジンの技術がありましたから、本社を縦断する技術開発本部という技術屋のスタッフたちが一生懸命やり出したわけですね。近年ようやく完成して、世界レベルを凌駕する水準まで実現できています。今は、耐久性の確認の試験をしていまして、商品化の一歩手

オーストラリア・ビクトリア州ラトローブバレーの褐炭採掘プラント
日本で使用する240年分の水素エネルギーが埋まっていると言われる。商品価値の低いモノもわが国の技術力でエネルギー源として活用する動きが広がっている。

前という段階です。

柏木　御社の場合、「作る、運ぶ、使う」という一環したサイクルを構築できるのが大きな強みですよね。液化された水素を、今度は今のガスタービンとかコンプレッサーの技術をうまく利用して、運ぶための船舶も造っているわけですからね。サプライチェーンが全部しっかりしています。

村山　ご指摘の通り、サプライチェーンがあるというのは当社の強みだと思います。当社には、航空機、車両、船とプラント、ガスタービン機械など７つのカンパニーがあります。特に注目しているのは、運搬船ですね。今、ＬＨ２船と言って、世界初となる液化水素運搬船を開発していて、オーストラリアからの水素の長距離大量輸送技術を実証しようとしています。上面が丸くてたこ焼き器みたいな船で、断熱効果も１０倍ぐらい違います。

柏木　御社は、ホールディングのような形でカンパニー制を採って、それぞれ売り上げはちゃんとしっかりできるようになっていますが、先ほどお話しされた技術開発本部の事例のように、横串が各カンパニーをうまく組み合わせて水素というシナジー効果を生んだわけですね。

村山　はい。

柏木　こういう企業の在り方というか、経営の在り方というのが、まさに日本に求められているシステムだと思います。わが国でも多くの企業がカンパニー制を採用しています。各カンパニーを競争させるのはいいんですけど、例えば良い技術があっても、各カンパニーがばらばらにやっていて技術が生かされないケースが実に多い。技術を一体化させるヘッドクオーターがいないと、企業としてデシジョンメーキングできません。川崎重工業の場合、各カンパニーを横断的にデシジョンメークする技術開発本部を中心に実行されたという点が素晴らしいと思います。水素だけやっていても、実際にはなかなかうまくいかないものですよ。

村山　「こういうのもあるぞ、みんな集まれ」という感じで、「この指とまれ」の方式で横軸を通してやると結構いいアイデアが出てくると思いますね。

柏木　二階幹事長は、０９年に経済産業大臣（麻生内閣）をされておられた時に「エネルギー供給構造高度化法案」を作られました。化石燃料から非化石燃料への流れを創るというのが同法案のポイントで、例えば太陽光の固定価格買い取りを制度化させるという

川崎重工業が誇る
世界初の液化水素運搬船

大変輝かしい業績を残されています。今、村山会長が説明された水素インフラについてはどのようにお考えですか。

二階　まさにチャンス到来と言えるでしょうね。日本は、海外の化石燃料に依存しており、安全保障の確保や温暖化対策のためにも新エネルギーや水素を活用することが重要です。

今、お話にありましたように、私が経済産業大臣時代に「これからのエネルギーの供給に対してどう対応していくか」という視点から、太陽光発電の買い取り制度を始めました。今では、太陽光を中心に新エネルギーは、当時の３倍以上に拡大しています。同時に、未来のエネルギーでもある水素の活用にも踏み出し、０５年から０９年にかけて「エネファーム」の大規模実証試験も実施しました。この結果、エネファームは０９年から市販され、これまでに１５万台以上が普及しています。

川崎重工業の水素については、各方面から非常に高く評価されていると聞いていましたが、村山会長の説明を伺って、「なるほど」と思いましたね。新エネルギーの分野で、川崎重工業のリーダーシップが非常に評価をされる時代に来たのではという印象を持ちました。

柏木　二階幹事長は「エネファーム」などを体験されましたか。

二階　私自身は、水素の詳しい仕組みまでわかるわけではないから、一度そういうものに接するというか、慣れてみないといかんと（笑）。まだまだそういう段階です。こうした新技術に対しては、やっぱりみんなが体験して、共有してみることが大事でね。そうすると少しずつ利便性がわかるようになる。

村山　当社はトヨタから比較的早い時期に燃料電池自動車（ＦＣＶ）「ＭＩＲＡＩ」を購入させていただきました。随分使わせてもらいましたが、クルマとしての完成度も相当高いですね。

二階　「エネファーム」とかＦＣＶなど新しい技術を国民みんなに普及させるには、もっと安く出したほうがいいんだよね。本当は。

柏木　そうですね。川崎重工業は、まさにそれをやろうとしているわけですね。「ＭＩＲＡＩ」には、水素が５kg入りますからね。１kg当たり、１００km走りますから、５００km走ることになっています。水素は、現在１kg１０００円から１１００円で販売されていますよね。１kgで１００kmですからね。普通のガソリンだと、１ℓ当たり１００円だからほぼ同じくらいです。だけどもっと普及させるには、水素エネルギーを安くさせる必要がある。水素を安く取り出すためには、いろいろシステムがあるわけですが、今、褐炭が有力だと踏んでいるわけですね。

村山　水素のような新しいエネルギーを社会に導入するには、技術開発だけではなく、将来の商用時のプレーヤーとなる企業との協力や枠組みづくりも重要だと認識しております。１６年２月に設立された技術研究組合「ＨｙＳＴＲＡ」には、その候補になる企業として、岩谷産業、電源開発およびシエルジャパンが参画して、ともにＮＥＤＯの実証事業に取り組んでいます。

防災に強いインフラが、わが国競争力の源に

柏木　では、先ほど話題に上がった神戸市の例に議論を戻しましょう。発電所の規模は出力１０００kW級のタービン発電所が地区内に設置されると報道されていますが。

村山　同市の事例は報道の通りです。当社の水素ガスタービンのラインアップとして当面は、３万kWまでいける中小型のガスタービン発電所の設置に対応していきます。なお付言しますと、神戸空港島に世界初となる液体水素の積荷・揚荷基地を建設して、オーストラリアから運んだ液化水素を活用していきます。

柏木　基地の完成はいつ頃を予定されているのですか。

村山　２０年度をめどに新設する方向です。

柏木　通常、一軒家で使用量が３kWですから、３MWで１０００軒くらいでしょうか。でも発電所の規模は中小型なので２０畳くらいの部屋に収まってしまう。非常にコンパクトなものですね。

村山　もともとは非常用発電としての用途が強かったものです。熊本の震災でも１００％動きましたし、東日本大震災でもほとんどが動いていました。中小型は防災用としても強いという特徴があります。

柏木　やはり、これからの時代、要請されるのは災害に強いエネルギー源の確保だと思います。海外でも災害は起こりますので、日本の災害に対する技術は必然的にインフラ輸出にもつながってくるわけですね。二階幹事長は、先ほど中国で開催されたシンポのお話にもありました通り、自民党国土強靭化総合調査会の会長も務められていますのでこうした面には大変ご関心もあるのではありませんか。

二階　その通りです。これからは、防災という視点がインフラ構築には欠かせません。災害に強いという視点は、わが国の競争力の新たな源になる事業ですから、大いに期待するとともに国としても全力で応援したいと思います。

村山　おかげさまで、同市の事業では政府からの補助金もいただきましたので、市をはじめ共同事業者の方々と一緒に水素発電の実証を成功させたいと思います。

柏木　水素の年間使用量はＦＣＶ２万台程度の使用量と言われていますね。約１万人が働くオフィス街の電気を賄える規模だそうですが。

村山　純水素から純天然ガスまで中間的濃度の両者の混合ガスも含めて、フレキシブルに燃料に対応して発電できるガスタービンを設置します。発電時に発生する熱は展示場などに供給し、温水の熱源として活用します。施設の電気や熱の利用状況はＩＴで集中管理し、地区で使う電気や熱の半分程度を水素発電で賄う予定です。

神戸市の揚荷基地（イメージ図）
オーストラリアから運ばれた水素は天然ガスとともに発電用に使用される。

インフラは人が支える公共材。これからの時代は、防災の視点から、インフラに対する教育が重要

柏木　最近では、熊本の地震もありましたし、東日本大震災の例もありました。川崎重工業が水素発電を実用化しようとされている神戸市も直下型地震に見舞われたわけです。つまりわが国でインフラ構築をしていく過程で、防災の視点を取り入れるというのは必然ですし、二階幹事長ご指摘の通り、それが国際競争力にもなるということですね。

二階　言うまでもなくインフラは、公共材ですから公共に対する思想、考え方も防災の視点から考える必要がある。今、やっている災害対策、国土強靱化、これを実行していくためには、子どもたちの教育からしっかりしておかねば、とね。もちろん、対象は日本の子どもたちだけでなく、世界の子どもたちにもね。

柏木　インフラ構築というと、残念ながら日本では誤解されている面もありますが、教育も行うというのは慧眼だと思います。先ほど、ご紹介のあった毎年１０００人の子どもたちを日本に招待する話は、ここにつながるわけですね。

二階　諸外国と付き合っていく上でも、わが国の大きな財産になるでしょう。東日本大震災の時には、宮城県の有名な石巻市立大川小学校という悲劇もあったでしょう。

柏木　そうでしたね。

二階　あの中にもし１人のやんちゃな少年がおってね、「おい、おまえたち、逃げろ」と言うのがいたら、もう少し助かっていたのではないか。たとえ「先生の言うことを聞かなきゃいかん」と言うのがいたとしてもね。危機管理上、何が最も重要かという点を瞬時に考えられる能力というのはね、防災とか生きた実学から学ぶのが重要なわけです。

柏木　そうなんですよね。大川小学校では多くの児童が亡くなりました。あの事例は、私たちに多くの教訓を残してくれたと思いますが、いざという時に何が重要かを把握できる人材、リーダーを育てておくことが教育の中に求められていると考えさせられます。特に防災というのは、訓練をいつもやっていないと、いざという時に使えないですからね。だから、ある種のリーダーを育てておくと、本当に強靱な国家になるのでしょう。そういう意味では、強靱化とは人づくりにある、と言えるかもしれませんね。

地域活性化と言うと公共事業をやればいいと思われていたのが、これからの時代は、公共事業も道路や橋の建設だけではなくて水素などのエネルギーインフラの構築も体系的に行い、同時に教育にもつなげていくという思想が重要です。そうなると、インフラに対する考え方も、随分変わってくるでしょうね。

今、二階幹事長とお話をしていて、東京工業大学で教務委員長をやっ

三者の白熱した議論が展開された

た経験を思い出しました。工学部ですから、学生実験をやらせるわけですよ。各学生が「材料力学がこれで、流体力学が、水の流れがあれで」などとみんなばらばらに研究室でやるんですけど、エンジンを作るというコースを作ったんですね。ところが、一人でエンジンを作り上げると学生のレベルがそれまでと全然違ってくるわけですね。エンジンの中の流れは流体力学が必要ですし、中を可視化するにはレーザーか何かでやらねばなりません。いろいろな専門知識を横断的に生かす必要が出てきて、これはまさに先ほど村山会長からお話のあった横串を刺す考え方が必要になるわけですね。学生にとっても自信になるのでしょう。価値観がしっかりしてきて、将来のリーダーを育てるバックグラウンドになると思いました。防災の観点から、インフラに対する考え方を子どものうちからしっかり身に付けさせるというのは非常に重要だと思います。

村山　まさに、真の意味での成長戦略ですね。お二人のお話をずっと伺ってきて感服いたしました。先ほどの大川小学校の例、危機管理上、何が最も重要かという点を瞬時に考えて実行に移す能力こそ、企業にとってまさにプロジェクトリーダーに求められる資質です。そういうプロジェクトリーダーが生まれる背景には、一貫して全部の部門を経験させて全体像を把握する能力を養成しなければなりません。そうすると、やれそうな人間が自ずと出てきます。彼らがさらに現場を経験することによって、どんどん組織を引っ張るリーダーに成長していくわけですから。

柏木　そうですね。会社の中でも、危機管理上もきちんとした工場長がいらっしゃって。

村山　会社としても、いきなり大きなことは任せられませんからね。ある程度、経験をさせて、時間やお金をかけて進めています。しかし、そういう中からリーダーになる人間を育てないと、いくら専門部隊ばかり作っても会社としてモノになりませんからね。

柏木　ありがとうございました。今回、水素インフラをテーマにお話を伺ったわけですが、私自身、二階幹事長はまさに知行合一の政治家だと感銘を受けました。この水素を始め、ロボット、鉄道インフラ輸出をテーマにインター省庁の考え方や日本の国益についても考えていきたいと思います。

海外のインフラ受注には勝つという視点から考える

＝高速鉄道輸出には、国益の視点から政治の積極的な支援が不可欠＝

柏木　Part１は、インフラの中でも新技術という意味で、水素に焦点を当てて議論を展開したわけですけれども、Part２は鉄道インフラに焦点を当てて進行したいと思います。まず、２０１５年１２月にインドのムンバイ・アーメダバード間（５０５km）高速鉄道への新幹線システムの導入が合意されましたが、これについて二階幹事長のお考えをお聞かせください。

二階　インドの高速鉄道システムの導入が合意されたニュースを聞いた時は非常にうれしかったですね。２００９年にインドで高速鉄道構想が発表されて以降、両国首脳間で信頼関係を醸成してきたほか、日印共同調査の実施や資金面・運営面・技術面での支援提案など、官民あげて継続的かつ精力的に実施してきたさまざまな取り組みが実を結んだものと言えるわけですが、個人的にも運輸大臣（小渕・森内閣）や運輸政務次官（海部・細川内閣）を歴任し、当時の職員をはじめ関係各社の皆さんの顔が思い出されて「ああ、良かったな」と。日本の高速鉄道システムは、１９６４年に東海道新幹線が開通して以来、大きな事故は１件もありません。こうした実績を海外の皆さんに高く評価していただけるのは日本人として大変誇らしいし、わが国の鉄道システムの海外展開にも大いに弾みがつくと考えています。

村山　私どもも、政府間合意を締結いただいたことに、非常に感謝しています。今後、政府間協議において建設・運営スキームが決められ、車両を含めた資機材調達が実施されると認識していますので、会社として受注に向けて一丸になって努力したいと考えています。

柏木　先ほど二階幹事長から、新幹線システムの事故についてご指摘がありましたので、少し補足しておきますと、今回の熊本地震では、基地に帰ろうとする回送中の新幹線車両が脱線しましたが、けが人など被害者はありませんでした。それから強調したいのは、東日本大震災の時ですね。ご記憶の方も多いと思いますが、新幹線は大きな被害を全く受けませんでした。新幹線では、地震など大災害の場合は直ちに停車する制御システムが作動しますが、こうした技術力、人的ノウハウを含めた高速鉄道はわが国のインフラの中でも代表的なものに挙げられると思います。特に、国土強靱化に対する取り組みが、鉄道輸出にも大きく貢献していると思われますが、二階幹事長のお考えをお聞かせください。

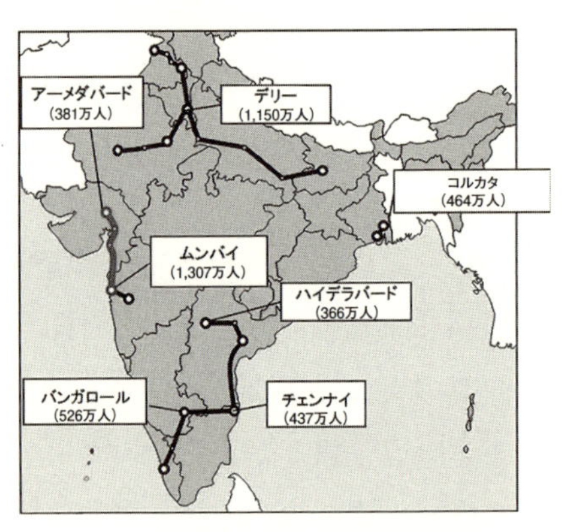

インドにおける高速鉄道構想

昨年末、日本の新幹線システムの導入が決まったのはインド西部のムンバイ・アーメダバード間。高速鉄道の導入にはGDPの伸びや都市の成長とも大きく関わる。アジアの中産階級は、2020年までに17億5000万人と急拡大すると見込まれており、高速鉄道をはじめ地下鉄などの都市交通といった鉄道インフラの需要が急速に高まると予想されている。

二階　柏木教授のご指摘の通り、国土強靱化に伴う技術革新が高速鉄道の海外展開にも大きく貢献していると思います。例えば、新幹線には「早期地震検知システム」など優れた地震対策が導入されており、海外でも高く評価されています。

柏木　実際に、台湾の高速鉄道計画では、欧州勢がいったんは受注しましたが、１９９９年に台湾大地震が発災し、地震対策に優位性を持つ日本の逆転受注につながったと言われていますね。

二階　はい。台湾の時もそうですし、現在はアメリカ・カリフォルニア州の高速鉄道計画でも日本の新幹線の地震対策に対して強い関心が寄せられていると聞いています。

柏木　カリフォルニア州は日本と同様に地震が多発する地域ですからね。やはり、地震対策をはじめとする国土強靱化に対する取り組みは、わが国の高速鉄道の安全性、技術力をアピールする上でも、非常に重要だと言えそうですね。

二階　安全面で言えば、わが国の新幹線システムほど素晴らしいものはないわけです。最近、インドネシアを訪問した際、たまたまインドネシアの鉄道インフラの競争で日本が中国に負けた直後だったので、インドネシア政府は私が文句を言いに来たと思っていたようです。私は「インドネシアと日本との大きな交流について話し合いに来たのであって、高速鉄道の入札の話で来たのではない」と言ってやりました。すると向こうもすっかりほっとした様子でした（笑）。だけど、ちょうどよい機会だったからコメントはしておきましたよ。「日本は新幹線の技術を取り入れてから、もう５０年以上も経つけれど、大きな事故は一件も起きていない。世界一のシステムだ。この事実は世界中の人が認めている。日本の友好国のインドネシアが、世界の皆が認めていることに逆らって新幹線システムを導入しないのはおかしい」と。すると、インドネシア側が「気になさらないでください。いずれ、日本の新幹線システムを導入することになるだろうから」と耳元でささやいてきましたよ。

インフラ輸出の場合、政治の積極的な支援が不可欠

柏木　村山会長、川崎重工業の現況を教えてください。

村山　当社の車両カンパニーは、国内・北米・アジアの３つを重点地域としてバランスよく事業経営するよう心がけています。海外の鉄道インフラを手がけたのはアメリカが最初で、今から３０年くらい前になりますね。当初は日本で製造して輸出する形を採りたかったのですが、米国がなかなかやらせてくれませんでした。何とか米国当局と粘り強く交渉し、「やるなら米国内に工場を建てて、電話一本で直ちに当局に参上できるローカルコンテンツの体制を整えてから進めてください」というところからスタートしたのです。

柏木　やはりビジネス上、海外進出するとなると現地で生産するというのが必要になるわけですね。今では海外部門が非常に頑張っておられる印象がありますが。

村山　スタート時点ではそうなりがちですね。おかげさまで、今では米国ニューヨークの地下鉄のシェアは３０％、シンガポール・台湾の地下鉄シェアは６４％を占めるまでになりました。もちろん、海外でこれだけのシェアを頂戴している要因はいくつか挙げられるのですが、まずは当社の技術力に対するご評価だと考えています。

柏木　具体的な例を挙げていただけますか。

村山　例えば、当社が開発した炭素繊維強化プラスチック製の軽量台車「ｅｆＷＩＮＧ」は、当社の航空カンパニーが開発したボーイング７８７の胴体に使用している炭素繊維技術を応用した製品です。これは、まさに個々のカンパニーの技術を横串にしたシナジー効果を発揮したもので他の車両メーカーではできない製品だと自負しています。

柏木　なるほど。Part１の水素の議論で話題に上った部門間の横串を刺す動きが、車両カンパニーでも見られるわけですね。先ほど、二階幹事長がご指摘された高速鉄道、新幹線システムについてはいかがお考えですか。

村山　新幹線輸出のような大きな話ですと、国家的な話になりますね。

わが国の財政、外交問題にも関わる非常にポリティカルな側面があり、実現まで時間がかかります。基本計画・資金確保・用地買収まで５年、詳細設計・建設に５年、合計１０年が最短と言われていまして、なかなか民間だけで行えるような話ではなくなります。一方、都市交通案件は数が多く、実現まで比較的時間が短いので、当社は長期案件（高速鉄道）、短期案件（都市交通）を組み合わせて取り組んでいます。

柏木　確かに鉄道輸出については、長期案件を余儀なくされる高速鉄道と短期案件の都市交通という視点で捉えると、わかりやすいですね。

二階　国にとっても、高速鉄道と都市交通の発達は言わば車の両輪の関係です。先ほど申し上げた日本の新幹線が、東京・新大阪間で開通したのは、ちょうど東京オリンピックが開催された１９６４年です。以来、東京・横浜・名古屋・京都・大阪の主要都市は地下鉄を中心とした都市交通を発達させてきたわけです。この流れは、その後新幹線が拡張されるとともに神戸や博多にも波及していきます。この日本と同じ流れが、今アジアで次々に起ころうとしています。

村山　二階幹事長ご指摘の通り、アジアの鉄道は成長が期待できる市場だと見ています。当社はインド、ミャンマー、バングラデシュなど新規都市交通案件にも積極的に参画したいと考えています。いずれも鉄道インフラの海外展開を推進する日本政府の支援（円借款）で実現する案件で、官民一体で成果を出していければと思っています。

米国ワシントンDCの地下鉄
(WMATA7000系)

都市の成長に伴い、地下鉄などの都市交通輸出も民間企業にとってはビッグビジネスチャンスと言える。交渉期間の長い高速鉄道輸出に比べ短期で決まるメリットも見逃せないポイントだ。

二階　政治がどんな面にどの程度まで関わればよいか、あるいはここから先は関わら

川崎重工業の軽量台車「efWING」
航空カンパニーが開発したボーイング787用の炭素繊維が使用されている。

ない方が良いとか、アジアが成長局面を迎えていくだけに、わが国が今後どれだけ支援する用意があるか、きちんと決めておくことが重要になると思います。最近、安倍総理が外遊の時に、わが国を代表する優良企業のオーナーにも同行していただいているでしょう。

柏木　ご一緒にいらっしゃっていますね。すごくいいことだと思います。

村山　本当に安倍政権になってから、規制緩和というか、随分変わりましたね。非常に積極的に諸外国にも行かれて、民間企業としては非常にありがたいですね、やっぱりトップ自らが交渉されると、随分関係が深まりますので。

二階　ご指摘の通り、安倍総理のこうした一連の行動は国として一歩前進と考えてよいでしょう。しかし、できればさらに踏み込んで、日本の企業の皆さんが海外で堂々と入札で勝利を得られるように政治が応援する姿勢も重要になると考えています。

柏木　その点については、もう少し詳しくご説明ください。

二階　例えば鉄道インフラについても言えることですけど、特定の事業において、政治が企業の応援をすることに対していささか躊躇している面があるように思えてならんのです。これは、むしろ私たちが社長さんたちの率直なご意見を聞きたいところだけど、私自身は政治が支えていくのが当然だと思うわけです。だって、よその国を見てご覧なさい。関西国際空港の入札をやった当時、私は運輸省で政務次官をやっていましたが、外国の有力な企業の代表者が議員たちと一緒になって大臣室を訪ねて来ましたよ。政務次官室の前を通っていくから、みんなわかるわけですよ（笑）。例えば、アメリカではこうしたことは、当たり前になっ

川崎重工業が開発した海外向け高速鉄道「efSET」

ています。一方、残念ながら日本では、こうしたことに対しては極めて消極的で、むしろ控え目にやることが望ましいとされてきました。結果は火をみるより明らかです。

柏木　確かにインフラ輸出の場合、国益という面で総合的に考える視点が重要ですね。先ほどから議論されてきたように安全性や強靱性など、高速鉄道をはじめわが国のインフラは非常に競争力があるわけですから。

村山　そのお話とも重なる話ですが、例えば鉄道車両という製品の性質上、人が品質を作り込むという特徴があります。ですから新技術の開発と検証、生産技術の改革には mother factory での車両製造が不可欠であり、できるだけ国内で契約受注するという視点が非常に重要だと思うのです。特に最近の海外の鉄道車両案件は、“Buy America”、“Make in India”をはじめとして技術移転・国産化が要求されるケースが多いですから。

柏木　なるほど。インフラ輸出の場合、技術革新については国内で戦略的に行う必要がある、と。先ほど海外進出する上で現地生産が不可欠になるというビジネス面での動きとは真逆の論理ですね。

村山　そういう意味では、例えば自動車のような commodity 系の製品とは事情が異なると思いますね。世界各国の潮流をみると、今後ますますこうした傾向は強まってくるのではないかと見ています。

二階　今、村山会長がおっしゃったように、現実には国と一民間企業が戦っているわけです。ところが諸外国は国全体で戦ってきていますよね。と言うのも、国益という視点で見ると、まず諸外国との受注競争に勝たなければなりません。それからインフラ技術の場合、技術革新が国力の増強、国土強靭化にも結び付く。だからこそ、諸外国は国全体で戦ってきているのです。こうしたシビアな実情を、わが国の政治やマスコミも含めて、みんながどれだけ認識しているかという問題があります。いろいろ意見を述べるのはいいんですけど、それではまず勝てないですよね。無責任な批判をするのではなく、むしろ勝つためにはどうすればいいのかというところから考えていく必要があると思います。

柏木　例えば、中国は一国一党主義ですしね。いくら村山会長が大企業のトップと言っても、向こうの党首が出てくれば、それはやりにくいですよね。そういう意味では、政治の力は非常に大きいと言えるでしょう。先ほど二階幹事長がご指摘のように「どうしたら勝てるか」というところから考える、つまりリアリティーのある形で考えなければならないということですね。村山会長、ビジネスの現場では国によって事情は異なりますか。

村山　確かに、国によって事情はかなり異なりますね。例えば、先進国でしたら、私たちがいろいろシステム提案しても「車両だけくれたらいい」とか、どの程度やるかという交渉があります。一方途上国の場合

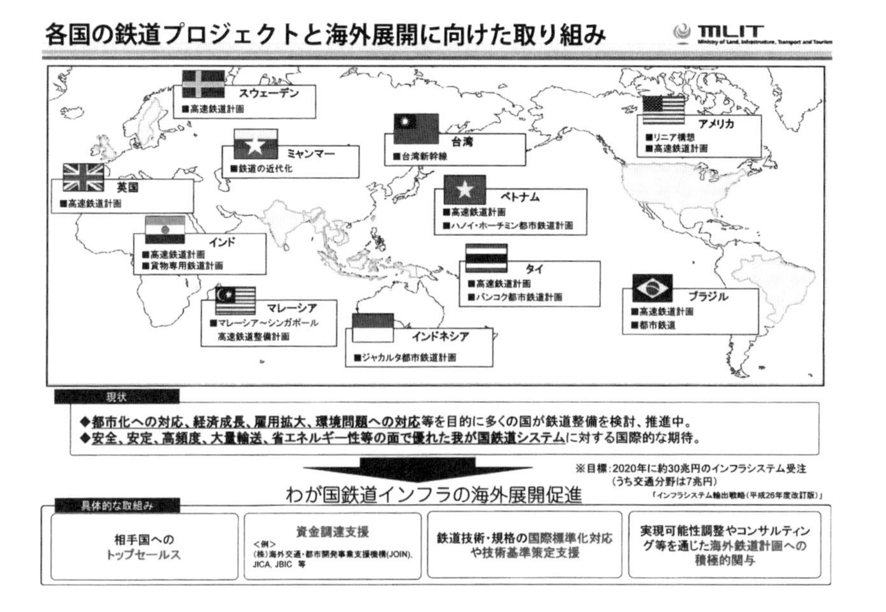

は「全部頼みます」というケースから、どの程度までやるかという交渉もあります。

柏木　東南アジアについてはいかがですか。

村山　東南アジアの場合は、親日的ですよね。本当に、そういう面は先人の皆さんに築き上げていただいた政府レベル・民間レベルでの交渉の積み重ねの歴史があります。本当にありがたいと思います。

二階　間違いなくそうでしょう。ですから日本がもっと胸襟を開いて接近して、お互いにいいところ、プラスの面をうまく活用していくところからやっていくべきです。ただ、鉄道を含めインフラ輸出の場合、川崎重工業をはじめ民間企業だけに責任をかぶせるのではなく、国全体で戦略的に考えていく必要がありますね。

国益という視点で、オールジャパン体制を構築していくには

柏木　これまでのお話をまとめてみましょう。まず、今回のテーマの鉄道インフラ輸出に関しては、二階幹事長から「どうしたら勝てるかという視点から考える」との指摘がありましたね。特に鉄道については技術移転、国産化について各国が戦略を持って進めていますから、民間企業だけに任せていくのではなくオールジャパンで取り組むべき課題になるとのお話でした。当然、政治の力が大きく問われることになります。と、なると長期安定政権というのも非常に重要なファクトだと言えるでしょう。特に経済界にとっては、不可欠の要因でしょうね。政権が1年おきに替わっているような状態だととても諸外国と長期のスパンで話すことはできませんからね。

村山　本当に、民間企業にとって長期安定政権は望ましいですね。先述の通り、安倍首相には頭が下がる思いです。

二階　いいことについてはどんどん褒めてやってください(笑)。日本人の慣習なのかもしれないけれど、いい時には皆黙っているからね(笑)。もちろん、気に入らないことは、ご指摘いただいて結構ですけど。

柏木　私自身の感想を付け加えさせていただくと、オールジャパン体制の構築には学界の責任も大きいと思いましたね。例えば今回のテーマの鉄道輸出、インドネシアの受注で中国に敗れたケースでも、日本独自の考え方が反映された評価制度が説明できていれば、ああいう事態は避けることができたかもしれません。単純な入札金額やファイナンス面では中国側にメリットがあるように見えても、メンテナンスを含め中長期のトータルコストで見ればわが国が有利なように導き出せたかもしれない。評価項目をまじめに、新たな経済学として考えるべき時期がきていると言えるのではないでしょうか。

二階　確かに柏木教授がおっしゃるように、日本オリジナルの評価方

法があれば合理的かもしれません。また、こうした評価方法が民間企業の技術開発を刺激する上でも効果があるという判断がされれば、堂々と日本方式でやろうじゃないかと言えるわけです。

村山　私ども民間企業の立場では、最終的には技術力が問われてくると考えています。ですから、技術によって国が栄える、私どもも利益を出していけるような、お互いウィン・ウィンの関係になれば一番ありがたいと思いますね。

二階　今回は時評社の企画のおかげでいろいろなことがお話できているけれど、まずは、産業界と自民党との間でざっくばらんに話ができる状態を構築したいですね。国益という次元で、皆で考えると、案外いい知恵も出てくるものです。

柏木　政と民と、それから学、官がいろいろお話できればいいですよね。今回の企画でよくわかりました。

村山　民間企業の場合は、ビジネスの話になりますと、最終的にはどうしても金額の話になるわけですね。金額を最初に決めたら、その数字で責任を持って動きますから、スタート時点からさまざまな話し合いに入れていただければ本当にありがたいと思います。

柏木　最近は、官においてもオールジャパン体制の構築がさまざまな分野で見られていますが、やはり国益という観点でインフラ輸出を考えますと、インター省庁と言いますか、省益を超えた議論が必要になってくると思われます。そこで、Part３ではロボットをテーマにインター省庁についても議論してみましょう。

ロボット革命を実現し、人とロボットが共存できる社会を

柏木　Part３ではロボットをテーマに進めていきたいと考えています。ロボット分野は、まさにものづくりを国の基盤としているわが国のお家芸と言え、稼働台数は約３０万台で世界シェアの４分の１を占め、世界のトップランナーとなっています。ただロボットと言うと、従来は産業用ロボットと位置付けられていたのですが、安倍政権では従来の概念を超えて物流、インフラ、介護をはじめ、国土強靭化に伴う公共防災分野や、農産業に至るまでさまざまな分野でロボットが実用化される「ショーケース」を目指すという位置付けになっています。

二階　ロボット分野は、２０１５年２月に日本経済再生本部で「ロボット新戦略」が策定され、成長戦略の一環に位置付けられています。２０２０年までの５年間をロボット革命集中実行期間として、官民で総額１０００億円のロボット関連プロジェクトへ投資し、ロボットの市場規模を年間６５００億円規模から２．４兆円へ拡大させようとしています。というのも、最近、ロボットの役割が随分変わってきました。これは、もちろん産業界の皆さんの努力面が大きいわけですが、例えば介護ロボットなどを見ても明らかなように、ロボットが人間と協業できるように進化したのも見逃せません。

柏木　まさにロボットの自律化ですね。確かに、私たちの身の回りを

見ても自動車、家電、住居までロボット化されています。これは、ＡＩの恩恵もあるでしょう。ある意味、ロボットの情報端末化であり、ネットワーク化と言ってもよいかもしれません。

村山　ご指摘の通り、ＡＩの技術が進んでロボットそのものの基本動作機能が飛躍的に進みました。民間企業の立場で申せば、安倍政権になってさまざまな規制改革が実施されましたが、ロボットが最も恩恵を受けた分野と言えるでしょう。それまでは、規制があってロボットの運用は厳しく制限され、例えば工場内での運用は、安全柵という一種の檻がないと設置できない状態でした。逆に言えば、スペース的に安全柵を設置できない中小企業ではロボットを活用する余地が全くなかったわけですね。規制が緩和されて、ようやく人がロボットと協業できるようになって、ビジネスの場では仕事の幅が大きく広がっています。

二階　規制改革の話が出たから少しお話しすると、ロボット関連の規制改革は、遠隔操作や無人駆動ロボットで使用する「電波法」や患者の負担が軽減される「医薬品医療機器等法」、搭乗型移動支援ロボットを公道走行させる「道路交通法・道路運送車両法」、ドローンなど無人飛行型ロボットの「航空法等」、目視などヒトを前提とした点検作業にロボットを活用させる公共インフラの維持・関係法令など多岐にわたっています。

柏木　今、二階幹事長がお話しされた通り、さまざまな規制改革が実施されて、ロボットが新たな付加価値を生み出す社会がようやく実現されようとしているわけですね。村山会長、御社での取り組み状況について具体的にご紹介願えませんか。

村山　私どもでは、１９６９年、産業用ロボットの国産第１号機を製造、販売した実績から産業用ロボットの分野にはかなり早い時期から参入していました。現在は精密機械カンパニーにロボットビジネスセンターという組織を置いていますが、近い将来、当社のカンパニー全体を

ロボット革命の具体像

日本を世界最先端のロボット・ショーケース化 ～ロボットを日常の隅々にまで普及～

今後５年間をロボット革命集中実行期間と位置付け
- ■官民で、総額1,000億円のロボット関連プロジェクトへ投資。
- ■ロボットの市場規模を2.4兆円（年間）へ拡大。（現状6,500億円）
- ■福島に新たなロボット実証フィールドを設置。
  （飛行ロボットや災害ロボット等の実証区域を創設。イノベーションコースト構想へ繋げる。）

<ものづくり・サービス>

- サービスロボットのベストプラクティス100例選定・公表
- ロボットの頭脳（ＡＩ）、目（センサー）、指（制御）の高度化
- 段取り作業や接客業の裏方等へロボット導入。
  労働生産性を２％以上向上させ、国内立地の競争力強化
- システムインテグレーター事業に係る市場規模を拡大

<介護・医療>

- 移乗等での腰痛リスクの高い作業機会をゼロに
- 介護関係諸制度を見直し。現行、３年に１度の介護保険制度の種目検討について、要望受付・検討等を弾力化し、新たな対象機器の追加を随時決定。地域医療介護総合確保基金により介護従事者の負担軽減のための介護ロボット導入支援
- 医療ロボットの実用化支援を100件以上。新医療機器承認審査件数の8割は標準期間で処理（通常：14ヶ月、優先：10ヶ月）

<農業>

- ２０２０年までに自動走行トラクターの現場実装を実現
- 省力化などに貢献する新たなロボットを20機種以上導入

<インフラ・災害対応・建設>
- 生産性向上や省力化に資する情報化施工技術の普及率３割
- 重要/老朽インフラの目視点検や補修の２０％にロボット導入
- 災害現場においても有人施工と比べて遜色ない施工効率

<規制改革> 規制改革会議とも連携し「ロボットバリアフリー社会」へ、関係制度１０本見直し
（ロボットが使用する電波のルール整備、目視点検のロボット化（インフラ保守）、飛行ロボットに関するルール整備 等）

<基盤整備> システムインテグレータ人材の育成強化
（実証事業を通じたＯＪＴの実施等）

3

支える分野に成長していくと見ています。２０１５年１２月には、①簡単に移動して人一人分のスペースに設置可能、②ダイレクトティーチング、タブレット操作により誰でも簡単に教示可能、③人とロボットが共存可能をコンセプトに開発した、双腕スカラロボット「duAro」の販売を開始しました。「duAro」は、生産期間の短い製品でもロボット適用が可能になっており、安全柵の設置が不要で、作業レイアウト変更も不要というのが大きな特長です。また、医療分野も大きな市場と見込んでおり、２０１３年に血液検査装置の世界トップメーカーのシスメックスと合弁企業「メディカロイド」を設立し、医療用ロボットの開発にも本格的に乗り出しています。「メディカロイド」のコア事業として、① Robotec Assisted Surgery（ＲＡＳ：事業・手術支援用ロボットシステム）、② Applied Robot（ＡＰＲ：産業用ロボットを医療用に適用するロボットシステム）の２つを軸にしています。

柏木　医療用ロボットの市場規模はどれくらいになるのでしょうか。

村山　医療用ロボット市場は、１６年に８２９６億ドルの市場規模が、

成長率３０％で伸び、１９年には１９９５７億ドル規模になると予測されています。「メディカロイド」は３０年に１０００億円の売り上げを目指しています。なお､この数字には介護ロボットは含まれていません。

柏木　医療用ロボットだけでもこれだけの成長が見込めると予想されているのですから、政府が掲げる成長戦略を支える主要分野として、大きな期待が寄せられるわけですね。

二階　ロボット市場規模の将来予想は、日本に限らず世界の共通認識になっています。１５年のデータによると、年間販売台数は、１８年には１４年に比べて約１．８倍。地域別では、日本・米州・欧州は１．４倍規模。中国は２．６倍、その他アジアは１．６倍規模になると予想されています。したがって欧米では、ロボットのデジタル化、ネットワーク化を用いた新たな生産システムを成長のカギとして巻き返し、中国やアジアの新興国もロボット投資を加速させているのです。現に、単年度の導入台数では１３年に中国が日本を逆転し１位になり、以来１位の座を維持しています。わが国には、これまで産業用ロボットで世界をリードし

ロボットの市場規模と将来予想（年間販売台数）

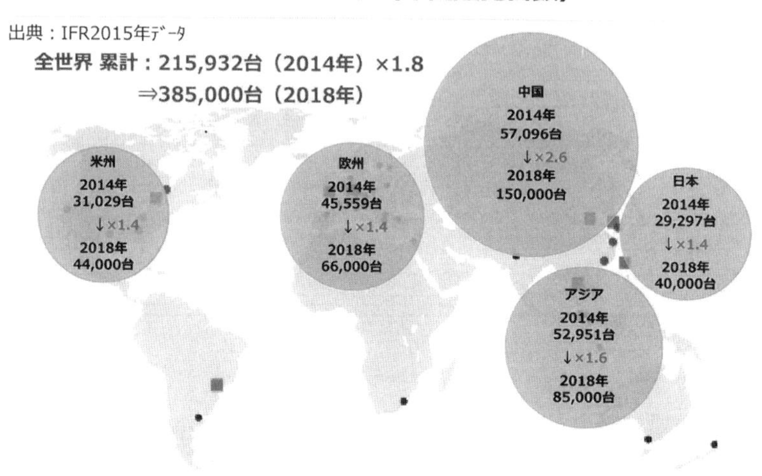

てきたさまざまな蓄積があるけれども、世界レベルで見ると厳しい競争にさらされているという現実もあります。しかし、市場自体は大きくなることが見込まれるわけですからこれから政官民が一体になって気を引き締めて取りかかれば、世界のロボットイノベーション拠点になり得るというのが安倍内閣のロボット新戦略のポイントなのです。

これからの時代に求められるインフラはインター省庁型になっていく

柏木　ロボットが、わが国にとってまさに戦略的に重要なインフラだという点がよく理解できました。そもそも、「スーパースマートインフラ革命」にロボットを入れようと考えたのは、技術革新や規制緩和によってインフラの在り方が随分変わってくるのでは、という問題提起の意味も含まれています。そこで、インター省庁についても議論を深めていきましょう。まず、インター省庁のメリットには、各省庁が持つ規制を緩和し、民間企業のビジネスチャンスを拡大していく面が挙げられます。さらに省庁間が連携することで、シナジー効果も期待できます。ですから、ロボットの例を見ても明らかなように、国にとって戦略的なテーマだと考えられた場合には、インター省庁で議論していくことが極めて重要になってきます。この点について、二階幹事長はどのようにお考えですか。

二階　柏木教授のご指摘の通りです。先日、私は、飛行機で東京に帰ってくる途中に、全国の林業協会の会長さんと乗り合わせました。久しぶりだから、２人で食事でもしようかということになったわけですけれども、考えてみたらここにもし林幹雄経産大臣（当時）がいてくれたら話が早いなと思って電話してみたんです。「ではそっちにも顔を出します」と来てくれましてね。林業と経済産業省が渾然一体となって力を出し合えば、相当立派なことができるという話で盛り上がりました。

柏木　林業と経産省ですか。普段はなかなかない組み合わせですね。まさしくシナジー効果を期待すべき話でしょうね。

二階　もちろん、経済産業省は木を植えているわけではありません。当然、材木業界、林業界の皆さんも経済産業省のような仕事はやってもいないでしょう。しかし、両者に林野庁を加えて三者が手を握ればビジネスチャンスが生まれる可能性が出てくるのです。そこで、経産省と林野庁、林業界がきちんと話し合いを持つことになりました。林大臣が出て、経済産業省の局長クラスが目標を決めてお互い話し合えば必ず何かが生まれる。翌年度にきちんと予算を付けて事業化すれば、これからの日本にとって極めて大切な「種」が生まれる可能性がある。それが、これからの時代の日本に極めて重要なのです。

柏木　やはり、二階幹事長のお話を伺うと、インター省庁を現実に進めていくには、政の力が極めて重要だと感じますね。しかし、中央省庁の皆さんにも考えていただきたいのは、仮に「政」の力が働かなくても他省と連携する視点を常に持ってもらいたいという点なのです。特にこれからの時代に求められるインフラは、各省統合型にしないと結果的に無駄が多くなりますから。

例えば山を開発し、道路を造るという例を挙げてみましょう。道路に加えて、道を造れば林道として活用できますし、防災時の避難路になります。そうなると、最初に建設しようとした道路を防災時に活用する可能性も議論されてくる。農業の可能性があったり、高齢者には歩くことも極めて重要ですから介護施設も建設できるかもしれない。ごみ焼却炉などが建設できる可能性だってあるでしょう。道路に光ファイバーも通せば一体型になって、ＩｏＴそのものになるわけです。全て環境から一体型のインフラが構築できるわけですね。これをデジタル化していけば、国力増強にも大きく貢献できるはずです。

二階　確かに、一体型になりますね。

村山　民間企業の立場で申せば、やはり目的に何を設定するかということが極めて重要だと思います。規制も最初に作られた時は国民生活のニーズに応える形でできたはずなのです。ただ、時間が経過し、外部環境が随分変わっているのに「いや、ここはだめです」「あれもだめです」という話になってくると､議論が進まない。目的がずれてくるわけです。

柏木　Part２でも触れましたが、やはり、次代の成長戦略の「種」を作っていくには、政官民に学を加えた前向きな話し合いの場を構築していく必要がありますね。

インフラを使いこなせる人材を、常に育成していく視点も必要

二階　今から８～９年前、私が経産大臣のときに、私の田舎の和歌山の国立高専の校長先生が､「アイデア対決・全国高等専門学校ロボットコンテスト」（高専ロボコン）で日本の第２位、甲子園で言うと準優勝したという報告をしてくれたのです。彼は「大変うれしいし、誇り高い」と一生懸命話してくれました。もちろん、その話自体は大変喜ばしい。だけど、校長先生や現場の先生たちが転勤してしまったら、この話はすーっと消えていってしまうかもしれないでしょう。そうならないために何をするかということが、むしろ重要じゃないか、と話しました。そのために、必要なことがあれば何でも応援する、と。それで、生まれたのが「きのくにロボットフェスティバル」なのです。野球の甲子園で、優勝旗と優勝カップを目指して全国の学校をはじめ、応援などで日本中が騒ぐでしょう。ロボットだって同じだと。同フェスティバルは、２０１６年でもう１０回目になります。小・中・高校生対象のロボットコンテストと､「高専ロボコン」招待チームのロボットや企業の最先端

ロボットのデモンストレーションを総合的に実施して、青少年のものづくりに対する理解を深め、日本のものづくりと科学技術の進展に資するような楽しいイベントになっています。今は、韓国、中国からも招待で来てもらうのです。韓国、中国の子どもたちも目の輝きが違ってきますよ。

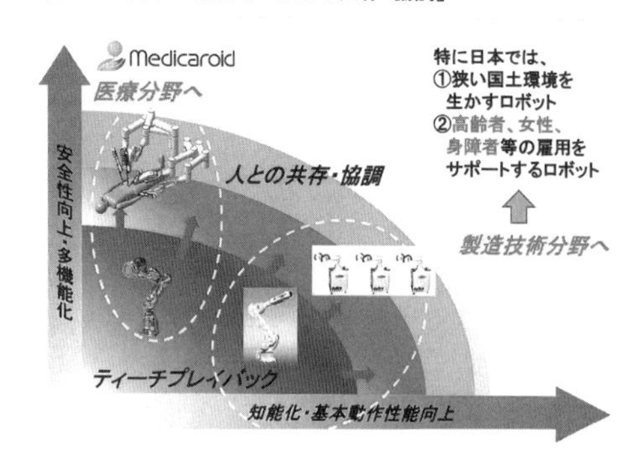

川崎重工業が掲げるロボット事業のコンセプト
今後のロボット事業のコンセプトは「人との共存・協調」になる。人口減、超高齢社会を迎える日本にとってロボットとの共存が大きなポイントと言えよう。

柏木　ロボット技術の進歩には、企業努力もさることながらそのような地道な努力もあるわけですね。

村山　特にロボットは、コンテストのような形で子どものうちから実践できるテーマだと思います。

柏木　経産省でも、ロボット国際競技大会を開催し、イノベーションを創出させる仕組みを考えていますよね。ロボットの利活用を想定して①ものづくり、農林水産業・食品産業分野のB to B分野、②サービス、介護・医療分野のB to C分野、③インフラ・災害対応・建設分野など――の３分野において、１６年度中に具体的な開催形式や競技種目が決定され、１８年にプレ大会、２０年に本大会が開催されるスケジュールになっています。

村山　チームを組んで技術を競い合うイベントをさまざまな形で開催していただけるというのは、技術者にとって大きな励みになりますし、自信にもなります。大変素晴らしいと思います。

柏木　こうしたイベントの素晴らしいところは、特に若い人たちに自信を与え、ものづくりの楽しさ、チームで仕事をして具現化できた時の喜びを共有できる点ですよね。一つのものでコンテストをやりながら、技術を作り上げていくという。作り上げないとコンテストには勝てませんから、そういう意味では精神論的なものまで学べる良いカリキュラムだと言えるでしょう。それにしても、今でこそロボットコンクールは、たくさんありますが、きっかけは高専ロボコンですからね。あのイベントは１９８８年から始まっていますから１６年で２９回目になります。

二階　戦後教育の中で、「深く専門の学芸を教授し、職業に必要な能力を育成する」とした高専の仕組みは実に立派だと思いますよ。だから、私は日本の高等専門学校（高専）をそっくり海外へ輸出してあげたらどうだと考えているわけです。

柏木　高専の輸出とは知的インフラ輸出そのものですね。

二階　そう、そう。大学をどうこう言う前にね、相手が必要としているのは工学・技術系の基礎技術だから高専が一番求められているんですよ。実社会に出るのも早いわけだから、相手国の国民にとっても喜ばれるわけです。そこの学校を出た子どもなら、それこそ日本の企業、例えば川崎重工業で全部引き取ってやるといったっていいくらいの話なんですよね。基礎技術がきちんとできているわけだから。

柏木　高専は５年制です。

村山　一般的に言って、即戦力としての高専卒業生に対する産業界の評価は高いですよ。

二階　高専が始まった頃だから、６１年か６２年くらいかな。その頃まだ私は２３か２４歳の学生上がりの遠藤三郎代議士の秘書でしたけど、高専問題研究会という組織ができて、高専が全国誘致の取り合いになりました。当時、私自身、官房長と一緒になっていろいろ活動したので、高専という仕組みに対し非常に愛着を持っています。ですから、改めて「海外で人材育成をするのに必要な仕組みだからみんなやろうよ」、と呼びかけています。ここで育った人材は、日本に対しきちんと敬意を払ってくれるようになりますよ。

柏木　基礎技術を養成する段階では、特に日本が主導して世界に働きかけるべきだ、と。極めて大所高所から見ておられるなと。正直、私、感服いたしました。

二階　新興国が基礎技術を学び、国力を高めていけば、市場が大きくなり、結果としてわが国に利することになります。島国で、資源が少ない日本は、国際社会と相互依存で成り立っているという現実を忘れてはいけません。

それから私たち日本人は、今自分たちが考えているよりもはるかに高く世界の各方面の人々から期待されているという点をもっと認識すべきだと思いますよ。こんな話をわざわざ言うのも、世界からの期待に十分応えられているかということですね。特に若い人たちに対する期待は相当高い。気構えにおいても、あるいは中、高、大学という学生社会においても、学問そのものや勉強している方も、まだ十分応えきれていないのではないかと客観的に感じます。

「近頃の若い者は」と一くくりに議論するつもりは毛頭ありません。むしろ、若者一人ひとりと話してみると、相当優秀な人も多いわけです。では、この人たちが国際的に役に立てているのかという視点で、学界の皆さんを含めて、産業界、政治も一緒になって、真剣に取り組む必要がある。なぜなら、彼らは間違いなく日本の宝なんですから。この日本の宝を持ち腐れにしてしまわないように、政治はどうあるべきか、産業界はどうあるべきか、もっともっと、きちんと対応する必要があると思っています。

村山　私どものビジネスも、売り上げ全体の６０％が海外売り上げなのです。国内は４０％です。ですから、中長期かつグローバルな視点でインフラを使いこなせる人材を育て、結果として市場を育てていくという二階幹事長の考え方には大いに賛同しますね。

二階　本当に、村山会長のような大企業のトップや柏木教授といった立派な先生とゆっくり膝を交えて話し合う機会はなかなかないわけですよ。ですからまずこういう機会を与えてくれた時評社に感謝すると同時に、これをきっかけに皆で話し合っていきたいですね。

柏木　今回、「スーパースマートインフラ革命」というテーマで、二階幹事長、村山会長とこうしてお話を進めてきたわけですが、ずっと感じておりましたのは、日本の工場というシステム、そこで働く人材を含めてという意味ですが、もうインフラそのものではないかということです。今、スマートファクトリーといって、もう工場の中に自家発電も入れば、もちろんＩｏＴも全部できているし、デマンドもレスポンスできる。工場の中にはＬＲＴなどの鉄道インフラが走っている可能性もあります。当然、工場自体がインフラとして輸出できるようになる。しかし、何より重要なのはこうしたインフラを使いこなせる人材がきちんと機能しているという点ですね。しかも、今後はロボットが人と協業できるというのが日本の大きな強みになります。こうした仕組みがさらに有効に機能できるように政・官・財・学界が真摯に考えていくべきでしょうね。ぜひ今後もこうした有益な機会を設けていきたいと思っています。皆さま、どうもありがとうございました。

第8章 特別対談

ロボットインフラを磨き上げ世界をリードする

=人口減の救い手として活用=

柏木　孝夫
東京工業大学特命教授

佐脇　紀代志
内閣府規制改革推進室参事官
（前経済産業省製造産業局産業機械課長）

さわき　きよし

1968年生まれ、富山県出身。東京大学法学部卒業後、92年通産省入省。2003年経済産業省製造産業局化学課課長補佐、05年資源エネルギー庁省エネルギー対策課課長補佐、06年大臣官房政策評価広報課企画委員、09年中小企業庁長官官房制度審議室長、10年国務大臣秘書官、11年経済産業省商務情報政策局情報経済課長、14年製造産業局産業機械課長(併)ロボット産業室長、15年産業機械課長、16年6月より現職。

柏木　私は内閣府で、安倍総理のＣＯＰ２１対応で、エネルギー・環境イノベーション戦略ＷＧのヘッドを仰せつかったのですが、これからの時代は、ＩＣＴはもちろん、ＡＩやビッグデータなど統合型のインフラが求められてくるとの結論になりました。今回、本書で、自民党幹事長・二階俊博氏、川崎重工業会長・村山滋氏と「スーパースマートインフラ革命」をテーマに座談会を実施し、ロボットも安倍政権の下、従来の産業用ロボットという概念を超えて物流、インフラ、介護、公共防災分野、農産物などさまざまな分野で実用化を進めているという話になりまして、調べてみると、統合型インフラとして非常にクローズアップされていることが分かりました。そこで、２０１６年６月まで経済産業省製造産業局産業機械課長としてロボット政策を実質リードされてきた佐脇内閣府規制改革推進室参事官にロボット国家戦略の詳細を伺ってみたいと思い、こういう機会を設けていただいたわけです。

佐脇　それは、もう恐縮です（笑)。できるだけわかりやすく説明したいと思いますのでよろしくお願いいたします。

柏木　まず、ロボットと言うと、例えば原子力の事故においても、高レベルの放射性の閉鎖空間で機能できるロボットが大きな注目を集めました。日本の場合、平和利用にはすごく優れているわけですが、一方、

ロボット革命実現会議で指示する安倍総理（首相官邸ホームページより）

アメリカや中国などではロボットテクノロジーは軍需との関連もありますから、熾烈な競争にさらされている分野とも言えますよね。相対的に見て、日本のロボットテクノロジーは世界の中でどういう位置付けなのでしょうか。

佐脇　ロボットの出荷額については産業用ロボットが中心なので世界一を誇っています。また、実際に活動しているロボットの数もストックベースではまだ世界一です。ただし、２０１４年、中国がフローの購買、要するに購入量の件数は日本を追い抜きました。おそらく中国では、投資によって新しいものづくりにジャンプアップしようとしていると見ています。

柏木　要するに、日本製のロボットを分解して新しいロボットをつくっている、と。

佐脇　一生懸命ロボットを導入し、高付加価値ものづくりに脱皮しようとしていますね。「ロボット新戦略」で言われているコンセプトは、先ほど柏木教授がおっしゃったように、産業ロボットだけではなく、さまざまな分野のロボットをつくり、社会をロボットにとってバリアフリー（ロボットバリアフリー）な社会にすることで、ロボットを使い込もうとしています。その理由は、①ロボットはセンサーの固まりなので、ロボットを使っているとおのずとデータがとれるメリットがある、②人口減少社会を迎えて、これから社会的な課題が顕在化してくるので、課題解決のためには革命というほどの大きな改革をして、ロボット市場をつくっていかざるを得ない――と考えているからなのです。

柏木　第一の理由、これは大変興味深いのですけれど、人が住んでいる地域や活動している場所にロボットがあるということは、自動的にセンサーが入ってきて、ビッグデータの処理によって、別の新しいビジネ

ロボットの市場動向

● 日本は、稼働台数と出荷台数で世界第１位の「ロボット大国」（ロボット稼働台数約30万台、世界全体の4分の1）。単年度の導入台数では、2013年以降、中国が1位。

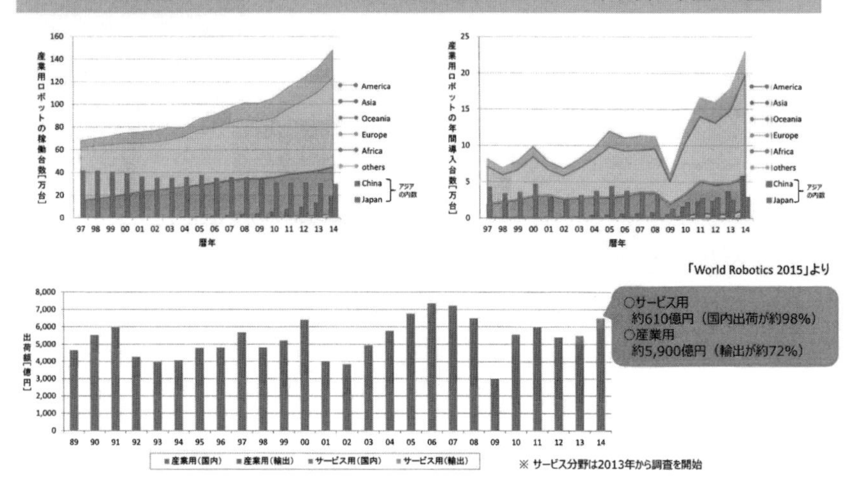

スモデル、あるいは行動パターンだとか、制御だとか、危険を避けるとか、いろいろなアプリケーションが可能になるという意味なのですね。

佐脇　今、ＡＩでマシン・ラーニングとか、そういった話をやっていますけれども、国際競争上、実社会のデータをどれだけ多く手に入れるかという勝負になっています。グーグル、フェイスブックなどは、人が端末あるいはスマホで入力したもの、あるいは人がしゃべっているもの、映像についてはあふれんばかりのデータを持っていますけれども、実は、リアルデータをしっかり取るシステムを完成させている国はないのが実情なのです。

柏木　つまり、ロボットだと、デジタル化されたデータが自然にＡＩによって入ってくるということですよね。

佐脇　その通りです。典型的な例として挙げられるのは医療現場です。手術室の中で、緊急の患者がいるにもかかわらず、医者がわざわざ記録

主要国のロボット輸出入動向

- 世界的な産業用ロボットの市場拡大により、日本からの産業用ロボット輸出額は、直近5年間で約80%増加。
- 中国市場の台頭により、ドイツ、韓国は中国への輸出額を直近5年間で10倍以上に増やし、同じく4倍以上に増やした日本を含め、中国市場での競争激化が見込まれる。

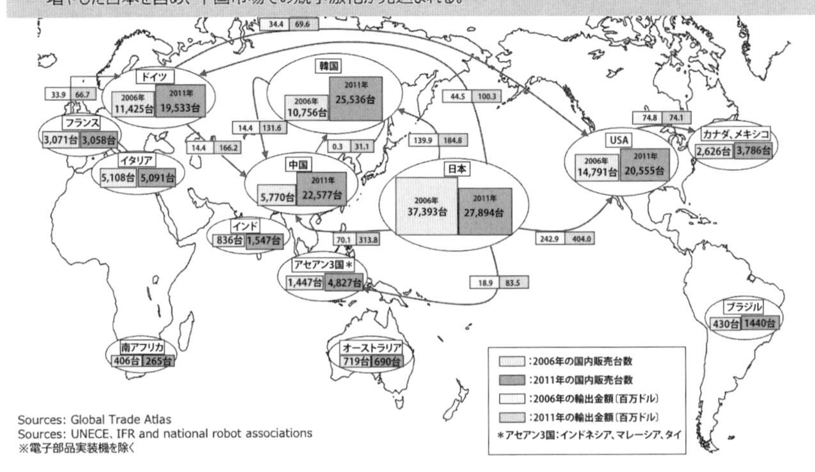

をして、それをテキストに起こして、フォーマットを整えて、サーバに入れるなどの手順は現実的には不可能です。ところが、ロボットだと治療空間の雰囲気も含めて、みんながデジタルな中で、医者たちは普通に仕事をしているだけで済むわけですよ。最初からデジタル化されるから、猛烈に忙しい医者のプロシージャ（手続き）も結果的に全部デジタル化できるんですよね。そういったことになって、初めてフィジカルな部分のデータが生かせる社会が実現できると思うのです。

柏木　人口減少社会を迎えて、社会的な課題解決のためにロボットを利活用していくという面についてはいかがでしょうか。

佐脇　これからの時代は、例えば原子力発電

病院内搬送ロボット

次世代産業用ロボット「NEXTAGE」

所の廃炉ロボットしかり、介護現場のロボットしかり、現場の非常に細かいニーズに応えるきめの細かな仕様がどうしても求められてきます。実は、伝統的な産業用ロボットメーカーというのは、自動車向けのロボットが典型ですけれども、巨大な自動車メーカーとの事前の入念な打ち合わせによって、特定の型のロボットを大量に開発・製造し、販売すれば儲かるという極めてシンプルなビジネスモデルによって成功体験を積んできました。工場は、手順をあらかじめ全部決めておいて、自律的に動くと言っても、ほんの微妙な調整をするためにビジョンで見て位置決めをしているぐらいがせいぜいだったわけです。公共空間での自律移動とか、もっと単純なところで、農地のあぜ道の草取りをロボットにさせてみると、あぜが規格化されていない事情もありますが、ちょっと丈の長い草が１本あっただけで、イレギュラーな事態になって、ロボットが使えなくなったようです。ですから、これまでとは真逆のニーズがロボットに求められてくるとも言えるでしょう。しかし、そういったことを実現している国はまだありません。

世界の競争の中で、社会が求めるロボットをつくっていくには

柏木　ロボットの流れを詳細に見ていくと、よく人間をそのままトレースして、人間と同じようなロボットをつくるという動きが一つありますね。動いて、お茶を持ってくるとか。もちろん目で見て、誰か認識もできる。もう一つは、パワースーツなどが典型的な例で、ある機能だ

ロボット革命の背景と考え方

- 現状は「ロボット大国」（産業用ロボットの年間出荷額、国内稼働台数ともに世界一）。
- 少子高齢化や老朽インフラ等、ロボットが期待される「課題先進国」。
- 欧米は、デジタル化・ネットワーク化を用いた新たな生産システムを成長の鍵として巻き返し。
他方、中国などの新興国もロボット投資を加速（年間導入台数で日中逆転）。

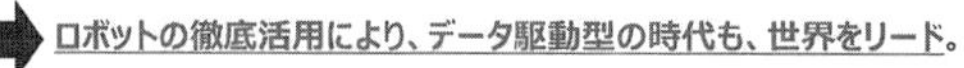

➡ ロボットの徹底活用により、データ駆動型の時代も、世界をリード。

ロボット革命とは

① ロボットが劇的に変化（「自律化」、「情報端末化」、「ネットワーク化」）
自動車、家電、携帯電話や住居までもがロボット化

② 製造現場から日常生活まで、様々な場面でロボットを活用

③ 社会課題の解決や国際競争力の強化を通じて、ロボットが新たな付加価値を生み出す社会を実現

ロボット革命の実現に向けて

革命実現のための三本柱

① 世界のロボットイノベーション拠点に

② 世界一のロボット利活用社会
（中小企業、農業、介護・医療、インフラ等）

③ IoT(Internet of Things)時代のロボットで世界をリード（ITと融合し、ビッグデータ、ネットワーク、人工知能を使いこなせるロボットへ）

けを求めていく動きもあると思いますが、流れが二つある中で、実際に日本はどっちをやろうとしているのですか。あるいは両方やっているのでしょうか。

佐脇　これまでの流れを見ると、特に大学の研究開発では人間をどう模すかという動きが目立っていたと思います。先日、アメリカの国防総省の研究機関のＤＡＲＰＡが「ロボティクス・チャレンジ」というさまざまな緊急事態に使えるロボットのコンテストを行いました。いろいろな課題が課せられて行われましたけど、出場した世界の名だたる大学、研究機関のロボットは人型のものが多かったですね。確かに人はいろいろなことができるので、マルチプレーヤーを考えようとすると、人の構造というのは意味があるわけです。ところが、実際に優勝した韓国のロボットは、シンプルに、少しバランスを崩してもとりあえず動くという局面では、足は折り畳んで車にしていたのです。

柏木　ほう、そうなのですか。

佐脇　つまり、世界の競争の中で勝っていくには、ある種の割り切りも必要なのかな、と。従って、私どもはむしろファンクション、機能に着目しようと考えています。そもそも、ロボットに完全に１人でやらせるなんてことは、そんなに簡単じゃないし、そんなことをしていると競争に遅れてしまいます。むしろ人と協調しながら、人の足らざる部分を補うようなパートナーとしてのロボットが求められてくるのかなと見ているわけです。

柏木　人が１人でやるよりも非常にパワフルなことができるようにするロボットとか。

佐脇　要するにアシストですね。

柏木　現実には、どっちがアシストだかわかりませんけれども（笑）。

佐脇　自動車メーカーなどの現場でも、かつては柵の中にしかロボットがいなかったのです。数年前に規制を改正いたしまして、今はこぞって人のそばで安全に動くロボットが投入されています。

柏木　川崎重工業の村山会長もそのようにおっしゃっていました。

佐脇　例えば、人が接近すると稼働スピードが遅くなるとか、触れるといったん止まってゆっくり動くとか。それによって、人の状況を見ながら、うまく重みを軽くしてサポートしてくれるようなロボットが投入され、工程そのものが変革を始めています。また別の例だと、上半身だけのロボットというのもあります。下に台がついていて、車がついて移動はしますが、よりコンパクトになっています。

柏木　オートハンドに近いわけですね。頭脳が少しついている、と。

佐脇　ついています。従って、プログラミングしたら、その人を置き換えるとか、そんなこともできるようになっていますね。

柏木　介護の現場でも役立ちそうです。

佐脇　介護は、腰痛で苦しむ方が圧倒的に多いので、アシストがどうしても必要ですね。このロボットは、ベッドが途中で二つに分かれて車

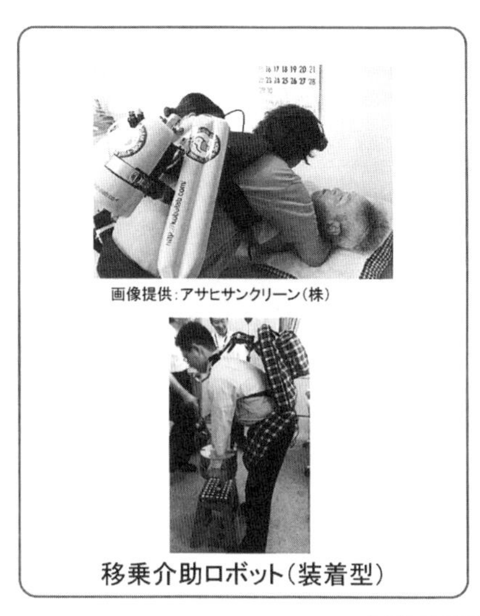

移乗介助ロボット(装着型)

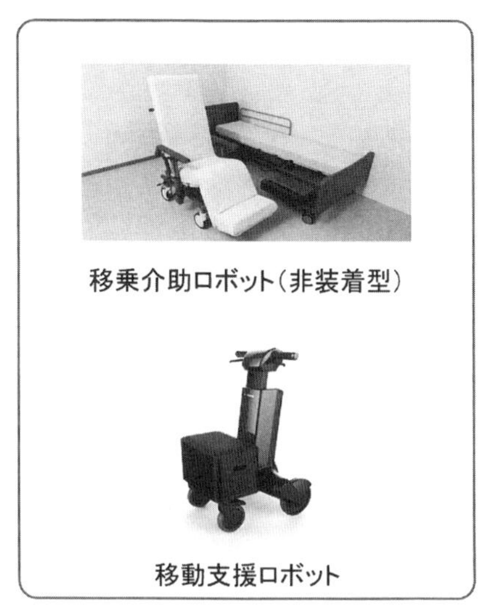
移乗介助ロボット(非装着型)
移動支援ロボット

介護分野のロボット

ベッドが途中で分かれて車椅子になるものや移乗介助ロボットなど
“機能”に特化しているのがポイントだ。

椅子になります。従って、ベッドから「よっこらしょ」という形で車椅子に移す手間がなくなります。

柏木　建設、インフラ現場用のロボットはどうですか。

佐脇　国土交通省と一緒にいろいろなインフラでメンテナンスをしたり、あるいはクラックがないように監視をしたりするのに、極力、ロボットが使えるようにしようとしています。東日本大震災後、国内の相当数の橋梁などをチェックしないといけないということになっていますが、現実にはまだ数%しか完了していないらしいんですね。やはり人手には限界があるわけです。仮にこれがうまくいけば、ロボットを使った点検はどうあるべきかという方法論やマニュアルなどがセットになると思いますから、ある意味、ハイテクな、スマートなインフラのパッケージとして海外に出していくことも可能になってくると思いますね。

柏木　現実にはインフラというと、道路、橋、建屋などが多いですよ

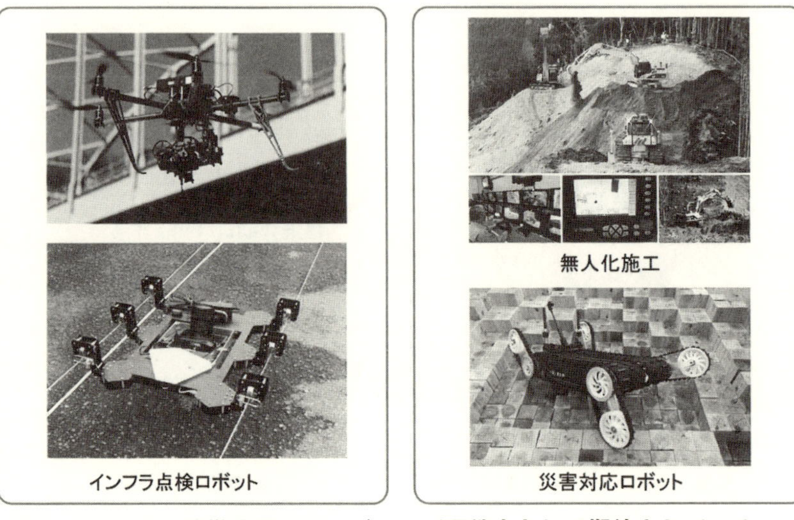

建設・インフラ・防災分野ではロボットが即戦力として期待されている。

ね。それに鉄道や今回のロボット、エネルギー絡みの熱導管なども含めて、それらをインテグレーションすると、システム・オブ・システムズができてくると思うのですが、日本の場合、縦割りでできたインフラが多いから個々の性能は強かったけど、システム・オブ・システムズというコンセプトになると、実力の割には世界の中でフロンティアを走っていない面があるのではないかと以前から思っていました。そういう意味で、今、「スーパースマートインフラ革命」を通して、システム・オブ・システムズのコンセプトをわかりやすく示したいと考えているわけです。その中にロボットというインフラは欠かせないだろうと。座談会では、最終的にインフラに求められるのは、使いこなす人の問題という流れになったわけです。この流れ自体はこれまでも言い表され、ある意味普遍的なものです。ただ一つこれまでと違うと言えるのは人をサポートするロボットが含まれているということですね。

例えば鉄道というインフラを取り出して見ても、将来は目がつき、衝

次世代社会インフラ用ロボット開発・導入の推進に向けた連携状況

民間企業・研究機関等　**機器の開発**
○日本の高度な水準の工学技術を活用し、インフラ維持管理や災害現場の具体的なニーズを踏まえた機器の開発支援
【経産省中心】

・ニーズ調査の依頼等 →
← ・試作機器の評価等

インフラ・災害現場　**現場での実証等**
○開発の早い段階から、現場のニーズの伝達や試作機器についてインフラ・災害現場での実証（ニーズ調査・評価）
【国交省中心】

ロボットの開発～現場検証・評価～導入・普及までの一体化した道筋をつくる

『次世代社会インフラ用ロボット開発・導入重点分野』（平成25年12月25日　国交省・経産省公表）
国土交通省と経済産業省において、重点的に開発支援する分野を特定（平成26年度から開発支援）

（1）維持管理

○橋梁
・近接目視の代替ができる装置
・打音検査の代替ができる装置
・点検者を点検箇所に近づける作業台車

○トンネル
・近接目視の代替ができる装置
・打音検査の代替ができる装置
・点検者を点検箇所に近づける作業台車

○河川及びダムの水中箇所
・堆積物の状況を全体像として効率的に把握できる装置
・近接目視の代替ができる装置

（2）災害対応

○災害状況調査（土砂崩落、火山災害、トンネル崩落）
・土砂崩落及び火山災害現場において、高精細な画像・映像や地形データ等の取得ができる装置
・土砂崩落及び火山災害現場において、含水比や透水性等の計測等ができる装置
・トンネル崩落において、引火性ガス等に係る情報の取得ができる装置
・トンネル崩落において、崩落状態や規模を把握するための高精細な画像・映像等の取得ができる装置

○応急復旧（土砂崩落、火山災害）
・応急復旧ができる技術
・排水作業の応急対応ができる技術
・遠隔・自律制御にかかる情報伝達ができる技術

突よけがあり、センサーがつき、地震があったらぱっと止まるとかね。あるいは、人インターフェースのロボットテクノロジーも出てくるでしょうし、運転手自体もロボットになるかもしれませんよね。現実に無人化された鉄道もあるわけですから。人をサポートしながら安全に運行するという目的を考えれば、ロボットに機能を特化していくという流れはよく理解できますね。佐脇参事官からご覧になって、機能の中でこれから最も必要とされる分野は、医療・介護分野ですか。

佐脇　ご指摘の通り、医療・介護は有効ですよね。あと、ものづくりの分野では、三品と言われていますが、食品、医薬品、化粧品が有効だと見られています。多品種少量で、テクニシャンの技量に任せられている分野は、それだけロボット化の余地があると言われています。それから何と言ってもフィールドロボットです。先ほど例示された電車も含まれますが、野外のいろいろなものを自動化させて、それに関連するデジタルデータをうまく処理して、連携させていくのがシステム・オブ・シ

ステムズには必須になってくると思われます。これは、世界にない日本ならではの強みになると見ています。

柏木　やはりロボットのハードの部分を開発しながら、ビッグデータの処理も一緒に考えていかないと本格的な運用はできませんね。そのあたりの連携体制というのはいかがですか。

佐脇　正直、まだこれからの段階です。

柏木　特に、このシステム・オブ・システムズのような形でアライアンスを組む、ビッグデータを活用するかで対象も違ってくるわけですから、本来は、民間同士が自然に組むべき話なのでしょう。ただ、今後の日本の在り方を考えれば、経済産業省をはじめ役所がコンダクターでまとめ役になる必要もあるでしょうね。

佐脇　連携体制という意味では、ロボット革命イニシアティブ協議会という組織を２０１５年につくりました。同協議会は、さまざまなロボットについての課題を、民の力を前面に出しながら実現していく団体です。現在会員数は４００を超え、テーマごとにワーキンググループをつくりいろいろ議論を深めて、お話のあったチームづくりを目指しています。

柏木　資料を拝見しますと、「国際標準化」と書かれています。日本が比較的弱い分野ですけど、これはどうですか。

佐脇　成功モデルにしたいと思っているのは、ロボットの安全評価です。先述の通り、人のそばでいろいろサポートするロボットが増えていくわけですから、ＩＳＯの１３４８２というロボットの安全を評価する方法論について定めた規格は日本発でやりました。

柏木　なるほど。チェアは取れているのですか。

佐脇　取れています。ロボットと人とをどう溶け込ませていくかについてが、「ロボット新戦略」の目的の一つですから、そこはリードしたいな、と。もう一つ、日本の弱みが如実に出ている標準化は、フィールドロボットではなく、工場の中です。今、インダストリー４．０とドイツが言い始めているのですが、工場のデジタル化によって、工場の中のいろいろな設備を連携させてみようとか、工場と工場を連携させて無駄を省こうとか、あるいは工場を超えて設計部門あるいは資金管理をしている部分をもっと効率化しようとか、あるいは市場の状況を即座に反映して、デザインを変えて、それほど時間をかけずに工場の実際に作るものまで変えてしまう機動性も、世界の競争のテーマになっています。

柏木 そのテーマはドイツが強いのですか。

佐脇 はい。ドイツが標準活動をリードしようとしています。そこを抑えられるとシーメンスとＳＡＰのシステムに接続しないロボットは買えないなどの事態が想定されます。

柏木 みんなインターフェースを同じにしなければいけないわけだからね。

佐脇 中国がヨーロッパと近いものですから、ドイツは中国と非常に早いタイミングで連携して動いています。中国市場はこれから本格的な機械化を迎えるので、日本も加わりたいのですが、日本の標準の活動は、そういう全体を見るような分野が弱いんですよ。ですから何とかやれるような体制を構築しました。今、申し上げた工場のデジタル化というテーマは、柏木教授がおっしゃった工場、さらには生産システム全体をどう変えていくかとシステム・オブ・システムズの一例だと思うわけです。おそらく物流とか、場合によっては自動車とか、どんなものを販売するかが関係してきますので、何とかやっていきたいと考えています。

柏木 日本は細かいところを見る「虫の目」は強いと言われるんですね。さらに、世の中の流れ、潮目を見る「魚の目」も結構日本は強いですよね。ただ、問題なのが「鳥の目」で、上から鳥瞰的に見る力ですね。これが、うまく機能できれば三つの目を統合して全体をシステマティックに機能させて、世の中に大きなインパクトをもたらすことができるでしょう。デマンドサイドのデジタル化が進んだからこそ、Internet of

2014年8月の広島土砂災害で活躍した飛行ロボットの実演

Everything（ＩｏＥＴ）と言った方がいいかもしれませんが、そういう時代に突入したときの極めて重要な要素技術がロボットだということは間違いない。

佐脇　もう一つのシステム・オブ・システムズの具体例がドローンです。整合的にドローンをどう操るかとか、そういったものをデザインしていく必要がありまして、官民協議会が官邸主導で行われています。半年ぐらい議論し、ロードマップを作りました。ポイントは、アプリケーションのターゲットとして物流に置き、ドローンがモノを運ぶ仕組みの構築を考えています。

柏木　もう少し詳しく教えてもらいたいのですが、ドローンがどこかから運ぶのでしょうか。例えば特定のセンターまでトラックで行ったら、そこからドローンが荷物をピックアップして、センサーテクノロジーで

ドローンの将来的な市場規模

- 日経BPクリーンテック研究所の調査によれば、日本におけるドローン本体の販売金額とドローンを使用して提供されるサービス市場の合計は、2020年には200億円規模となり、2030年には1,000億円を超えると予測。

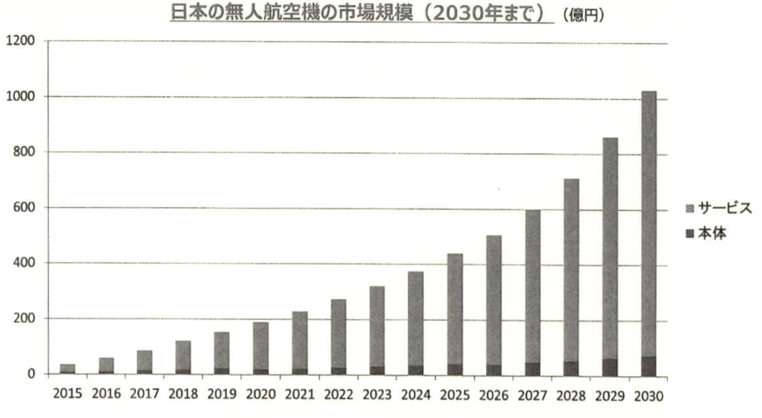

（出典：日経BPクリーンテック研究所『世界ドローン総覧』）

ラベリングか何かでそれをつかんで、家まで運ぶ、デリバリーサービスができるということですか。

佐脇 今、柏木教授がおっしゃったデリバリーサービスのラスト１マイルの話と、あと在庫コストを削減するという狙いで、例えば、今でもAmazonはやっているそうですが、都会のマンションの一室を小さな倉庫として活用し、さらにそこから一定の距離内の人たちが一体どういう頻度で何を欲しがるかということをビッグデータ解析して推定し、仮にイレギュラーな発注があっても、主要なセンターから急ぎ持ってきて、デリバリーをする仕組みを構築しているようです。この少量のイレギュラーな物品を急きょ運ぶ際にドローンを使う。物流で、複数のドローンが飛び交うようになると、実は、無人航空機の管制システムが必要になるのです。あたかも有人のようですけどね。ドローンの幹線、ハイウェイを作る動きも出てくるでしょう。ここは今、世界で開発競争になっていますし、新しいルールづくりが必要なのです。一体誰が管理して、いつどのドローンにその空間の航行を許可し、あるいは他のドローンの航行を禁止し、いつその状態を解除するか――。そういった、ドローン全体の航行管理をしようとすると、ほかのシステムを加味したドローン用の独自システムが必要なんですね。実は、これも先ほど柏木教授が指摘されたシステム・オブ・システムズの発想がありまして、仮に完成すると、一つのパッケージとして世界展開できるようになります。

柏木 ドローンに関して、日本はどの位置にいるのですか。

佐脇 メーカーはまだ少ないです。来たるべきビジネス用というか、大型でしっかりしているものを作っているメーカーが大半です。結構、長く飛べて、物を運んだり、あと、緊急事態に必要物資やＡＥＤなどをさっと運ぶことができるものを、ＩＴシステムとともに作っているメーカーがいくつかあるという状況です。

柏木 アメリカはどうです。

佐脇　アメリカは強いです。軍事に関わりますからね。一番、量を作っているのは中国です。２０１５年、官邸で見つかったドローンも中国製です。手ごろな大きさのもので比較的簡便なものはかなりの数がつくられています。

柏木　今、日本の開発段階はレベル２にあるわけですか。

佐脇　そうですね。

柏木　レベル３になると目視外。

佐脇　見えないところで飛ばしてはＮＧという意味ですね。例えば離島に緊急物資を運ぶとか、そういったケースですね。

柏木　しかし、すごい時代になりましたね。有事の時には大変な力になります。東日本大震災の時や今度の熊本大地震の場合もサプライチェーンが破断しないようにするにはどうしたらいいかって、私たちも随分議論したのですよ。ガソリンに限界があるからマルチにして、電気や燃料電池も水素もあるし、あるいは天然ガスの自動車もあるとかね。だけど、ドローンで被災地に直接輸送できるとなるとね、大きく前提が変わってきます。

佐脇　その通りです。先述した工場の事例や、ドローンなど個別の事例を、ある種のモデル、事例として蓄積し、一体どんなロボットをどう扱うかという社会システムの構築に貢献できればと考えているわけですね。

最大の課題はチャレンジ。人口減少社会を迎え、使えるロボットづくりを目指すには

柏木　では、ロボット分野において考えられている具体的施策などがあれば教えてください。

佐脇　日本のロボットは、産業用ロボットでさまざまなノウハウを

培ってきましたので、要素技術はピカイチです。従って、さまざまな社会的なニーズに応えて使えるロボットをつくっていくという課題がありますので、実証実験の場の提供という意味で二つの施策を進めています。一つは、通称「ロボットオリンピック」という国際競技会を日本主導で開催しようと思っています。要するに、使えるロボットづくりのために競技と称して、世界からたくさんの人々に参加してもらい大会を実行するというコンセプトです。

柏木　こういう技術開発において、コンペをやるのは盛り上がりますし、参加者のインセンティブにもなるのでいいんですよね。ニーズオリエンテッドで物を作り、さらに次のニーズに合うためには、ここをこう変えたらいいとか、ある意味では、コンプリヘンシブ、いろいろなものに対応できる、多目的ロボットあるいはさっきのドローンの例にもつながるわけで、目的を決めた上でコンペを実行するというのは理に適っていると思います。

佐脇　ありがとうございます。例えば農業のこういった作業をするというような仮想的な例を挙げて、どんな方法でもいいからロボットで実行させるというような課題を今年度中には整理して公表します。２０１８年にプレ大会をやって、２０年の東京オリンピック・パラリンピックと同じタイミングで一緒に大会をし、できれば４年ごとに開催するようなイメージを考えています。

柏木　もう一つの仕掛けは、福島を舞台に考えていると聞いたんですが。

佐脇　はい。フィールドロボットの分野で、福島で複合的な実験ができるように模擬施設を造りまして、そこで具体的にいろいろやらせてみるという施策です。例えば、ダムの底を検査するような水中ロボットなんてものは、しょっちゅう、本物のダムを使わせてもらえたりしないわけですね。先ほどのドローンの例もそうです。災害現場に人が立ち入れないような、大火災の中でどこまで仕事ができるかとか、化学プラントなんかの配管の中に入ってチェックするとか、原発の事例もそうですがやっぱり実戦に近くて、手荒いことを少しはやれるような許された環境がないと本当に使えるロボットは生み出せないということで、思い切って、同県の浪江町と南相馬市に造ることになりました。

柏木　これは、国がお膳立てをして、福島県がそれを提供して、民間の企業が組合を組むという仕組みですか。

佐脇　民間企業は、恐らくここでいろいろな研究開発プロジェクト、国のプロジェクトなどもやりますし、さらには商用ベースでお使いになるには、フィーをいただきながら回していくことになるでしょう。

柏木　そうすると、例えばここで得られたデータは、国が保証するような格好になるから、スタンダードにもなっていくわけですね。

佐脇　いずれはスタンダードにしたいし、できれば、この福島のロボットテストフィールドの実験済みというブランドで世界に発信したい、と。だから、フィールドロボットのオペレーションシステムのようなスーパーインフラですね。それを、世界に出していければいいなと考えています。

柏木　素晴らしいアイデアですね。非常に参考になります。ロボットの市場づくりという面ではいかがでしょうか。

佐脇　市場づくりという意味では、ニーズベースで使っていただく必要があるということで、インフラの点検で言えば、国土交通省が直轄の現場で使うべく、いろいろな調査をしています。

柏木　医療や介護だと厚生労働省になるのでしょう。やはりインター省庁という概念が不可欠になりますね。使えるロボットという面では、特に省庁間の連携が重要になると思いますからね。

佐脇　そうですね。先述したイニシアティブ協議会も、各省連携で行っていますし、もともと始めたロボット革命実現会議というのは、安倍総理の下でやりましたけれども、完全な省庁連携のスタイルで実行されています。

柏木　そうすると、内閣官房の中で、内閣府でやるような格好もあるわけですか。

佐脇　張りついているスタッフはおりませんが、バーチャルな会議体は内閣官房にあります。

さらに、市場づくりという面では、生活安全検証センターという組織を設立し、ここでパスしたものは、ある程度、市場が受け入れてもいい、人の周りで動いてもいいロボットというようなお墨付きのようなものも必要か、と。例えば、介護現場では、使い慣れない方も多いものですから、安心していただくという面も重要だという見地から。

柏木　安全性というのはすごく重要なので、こういう認証をきちんとするというのは大事な視点ですよ。願わくば、ジャパン認証が世界の認証になるような格好になるとすごくいいんですけどね。

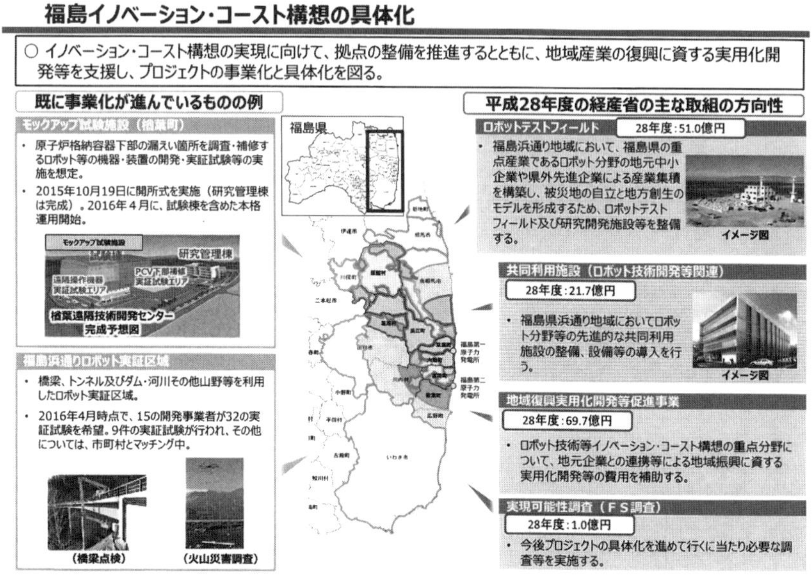

国内における労働人口減少の問題

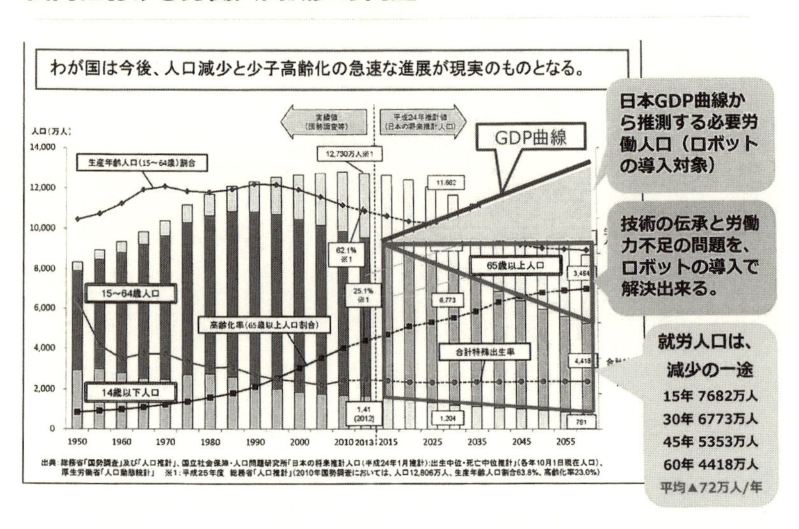

佐脇　介護については保険制度にちゃんと位置付けるとか、そういうことも厚労省と一生懸命やっていまして、海外に出したときにも、そういう保険制度の適用が日本と違った基準にならないようなハーモナイゼーションを求めていくとか、そんなこともやっています。

柏木　最後に、このスーパーインフラとしてのこれからのロボットテクノロジー、課題と展望について佐脇流の言葉で言うとどんなふうに表現されますか。

佐脇　最大の課題は、やはりチャレンジですね。ロボットを使った社会にしていく上で、ロボットが本当に完璧になるまで使わないなんてことをしていると、世界の潮流から遅れてしまいます。社会全体でロボットを育てていく、ロボットインフラを育てていく、それを世界に出して貢献していく意気込みで、使い込んで、磨き上げて、育てていき、結果として世界をリードしていくという姿が理想ですし、また、できると思いますね。それこそが、今、一番求められている課題だと認識しています。

そのために規制を改革したり、皆さんの考え方を少しずつ変えるとか、あるいは自分の責任で使ってみようという意味では、人頼みでない、しっかり自分で使ってリスクを管理するという行動を少しずつでも身につけていく。そういう面ではロボットは非常にいい題材で、最も期待されている分野だと考えています。企業においても、これまでの産業ロボットを主軸とされたメーカーも、新しい領域にも果敢に挑んで欲しいですね。そういう意味では、川崎重工業は医療ロボットを中心に非常に意欲的なので、私どもは非常に期待しています。

柏木　これから日本は人口減で、一般的には国としてのパワーはなくなると考えられがちです。しかし、人口減の対応としては、ロボットがインターフェース１.５人分に相当できればカバーできるわけですね。だから、人口減の救いの手がロボットでもあり、高齢化率が高くなったときの救い手がロボットであっても良いわけです。超高齢化社会を迎えて、ロボットが介護施設などに本当に標準装備されていけば、これからの超スマート社会、５.０の重要なスーパーインフラになりますよね。

佐脇　ぜひ、ロボットを柏木教授が提唱されるスーパーインフラ、システム・オブ・システムズのキーパーツと位置付けていただいて、むしろ、どんな役割を担ったらいいかとかリクエストをいただけるといいかもしれません。

柏木　ぜひその宿題に応えるべく、皆さんの問題意識に訴えていけるよう頑張りたいと思います。ありがとうございました。

[監修]
柏木孝夫（かしわぎ・たかお）

1946年生まれ、東京都出身。1970年東京工業大学工学部卒業、1979年博士号取得。1980年米国商務省NBS招聘研究員。1988年東京農工大学教授、2007年東京工業大学統合研究院教授、2011年より先進エネルギー国際研究センター長、2012年より現職。2013年東京都市大学教授。経済産業省総合資源エネルギー調査会省エネルギー・新エネルギー分科会長、経済産業省、内閣府の燃料電池評価・助言会議議長ほか、各種審議会委員を歴任。編著書に『2050年への挑戦』、著書に『地球からの贈り物』、『エネルギーシステムの法則』、『マイクロパワー革命』（2002年エネルギーフォーラム優秀賞受賞）、『スマートコミュニティ』、『コージェネ革命』など多数。

スーパースマートインフラ革命
スマートインフラ輸出と省エネ・低炭素社会実現へ

2016年10月17日　第1刷発行

監修――柏木孝夫

発行者――米盛康正

発行所――株式会社 時評社
〒100-0013
東京都千代田区霞が関3-4-2 商工会館・弁理士会館ビル
電　話：03（3580）6633　FAX：03（3580）6634
http://www.jihyo.co.jp

編集協力――株式会社 ぷれす

印刷――株式会社 報光社

ISBN978-4-88339-230-8